Un largo paseo

Conversaciones sobre la vida y el Derecho

Manuel Cachón Cadenas

Enric Fossas Espadaler

Un largo paseo

Conversaciones sobre la vida y el Derecho

Este libro ha sido sometido a un riguroso proceso de revisión por pares.

© 2025 Manuel Cachón Cadenas / Enric Fossas Espadaler

© 2025 Atelier
    Santa Dorotea 8, 08004 Barcelona
    e-mail: editorial@atelierlibros.es
    www.atelierlibrosjuridicos.com
    Tel. 93 295 45 60

I.S.B.N.: 979-13-87543-27-3
Depósito legal: B 463-2025

Diseño de la colección y de la cubierta: Eva Ramos
Diseño y composición: Addenda, Pau Claris 92, 08010 Barcelona
                www.addenda.es
Impresión: Safekat

«*El ejercicio más fructífero y natural de nuestro espíritu es, a mi entender, la conversación.*
Su práctica me parece más grata que la de cualquier otra acción de nuestra vida»

MICHEL DE MONTAIGNE (Los Ensayos, III, 8)

«*Una lezione non é un tram che vi porta da un posto all'altro, ma è una passeggiata con gli amici*»

PAVEL FLORENSKIJ (L'arte di educare)

Índice

Una larga conversación

Cuando el profesor Manuel Cachón alcanzó el jubileo, forzado por sus problemas de salud, le propuse un proyecto que pretendía substituir unas memorias que él admitió que jamás escribiría, excepto quizá para sus nietos. Se trataba de una larga conversación sobre su vida, su obra, sus ideas, y sobre algunos de los temas que hemos hablado durante los años compartidos en la Facultad de Derecho de la Universitat Autònoma de Barcelona. Mi propósito era que esos diálogos se convirtieran en un libro que mostrara su dimensión humana e intelectual, entretejiendo los aspectos biográficos con las claves de su pensamiento. No sólo en el ámbito jurídico sino en otros muchos que han sido objeto de interés y estudio a lo largo de su vida hasta llegar a la madurez, o aquéllos en los que ha llevado a cabo alguna actividad profesional o académica.

En enero de 2024 elaboré una propuesta que contenía la concepción del libro, su estructura, una cierta metodología, y un plan de trabajo. Y se la presenté a Manolo, que con su realismo campesino me dijo: «Bueno, a ver qué da de sí la cosa». Los cinco temas elegidos fueron los que se han convertido en los capítulos de la obra: la impronta de su tierra leonesa («Las raíces, la sangre, las patrias y los dioses»), el relato de su vida académica («La tribu universitaria»), su visión de jurista e historiador («El Derecho, la historia, y la historia del Derecho»), sus opiniones sobre el mundo judicial («Jueces, abogados y procuradores»), y la vivencia de su gran pasión («Libros, bibliotecas y archivos»). Sobre cada tema fui elaborando un cuestionario que le enviaba para comentarlo y, una vez fijadas las preguntas, él preparaba las respuestas, que luego comentábamos y grabábamos en los encuentros que mantuvimos en Terrassa. Posteriormente, el texto transcrito era corregido y revisado por ambos, y por algunos amables lectores.

Tras las primeras reuniones que tuvimos en febrero fui testigo de un progresivo desplazamiento de su escepticismo inicial hacia una cierta ilusión, que fue incrementado a largo de los meses, a pesar de los enormes disgustos que en este tiempo nos ha dado su mala salud de hierro. Es más, he tenido la impresión de que gracias a su proverbial resistencia, cada nueva adversidad se ha convertido para él en un estímulo y una lucha para culminar nuestro trabajo. Una ilusión compartida por ambos, y que felizmente se hace ahora realidad con la publicación de nuestras conversaciones.

Este libro es pues fruto de la amistad que nos une, y de la necesidad de dejar un testimonio de la trayectoria vital y académica, así como del pensamiento, de alguien que nos ha hecho mejores gracias a su sabiduría y a su bondad. Al que consideramos un maestro porque nos invita generosamente a la triple aventura que, en palabras de G. Steiner, entraña la vocación de enseñar: «Despertar en otros seres humanos poderes, sueños que están más allá de los nuestros; inducir en otros el amor por lo que nosotros amamos; hacer de nuestro presente interior el futuro de ellos». Y por ello este largo paseo es también una muestra de mi estimación, admiración y gratitud, que comparto con todos los amigos, colegas y discípulos de «el profesor».

Ambos queremos agradecer a las personas que se han interesado por nuestro proyecto y nos han ayudado a que este libro saliera adelante: al profesor Francisco Ramos Méndez, por hacer posible su publicación desde Atelier y la Fundación Serra Domínguez; al abogado y profesor Santi Orriols, por poner a nuestra disposición su despacho; a las amigas Cristina Moreno y Mercè Vallverdú, por su lectura atenta y sugerente de nuestros manuscritos; al profesor Josep Cid, por su interés y sus observaciones; a la profesora Carmen Navarro, por su apoyo incondicional; y a Nuri, por las razones que el lector irá encontrando hasta la última página.

Enric Fossas Espadaler
Bellaterra, Octubre de 2024

Las raíces, la sangre, las patrias y los dioses

ENRIC FOSSAS. En su último libro (*Mi visión del mundo a los 90 años*) el profesor Alejandro Nieto explica que al llegar a esa edad tan avanzada se dio cuenta de la importancia que las raíces habían tenido en su vida. El jurista e historiador pone así de relieve algo de lo que quizá no somos conscientes: la trascendencia que tienen para toda persona los orígenes familiares, la tierra en la que uno ha nacido y crecido, así como las personas con las que mantuvimos lazos estrechos y posiblemente dejaron una impronta en nuestro carácter y nuestro destino.

Es conocida la estrecha vinculación que mantienes con tu tierra leonesa, y el apego a tu población natal, la pedanía de Cabañeros, en la que pasaste parte de tu infancia en los años 50 y 60 del siglo pasado. Buena muestra de ello es el hecho de que hayas conservado la casa de tus padres, a la que has seguido acudiendo en tus vacaciones y en tus viajes a Madrid y Alcalá de Henares para tus visitas a los archivos históricos. Otra muestra de la permanencia de este vínculo, a pesar de haber dejado esa tierra en tu juventud, lo es un detalle anecdótico: en los casos prácticos de Derecho Procesal que preparas, los nombres ficticios de las personas que aparecen son a menudo nombres de personas reales, a veces paisanos sin mayor trascendencia, que estuvieron presentes en tu juventud: Eufemia, Betario, Rutilio, Ceferino, Quiriaco, Octaviana, Famiano, Fabricia...

Tú naciste a mediados de los años cincuenta en el seno de una familia humilde de esa pedanía leonesa, en una España franquista no muy lejana al fin de la Guerra Civil, y en unas condiciones económicas, sociales y políticas muy duras. ¿Qué es lo que hoy más recuerdas de esa infancia?

MANUEL CACHÓN. Bueno, sí, nací, como bien dices, el año 1956, o sea, 20 años después del comienzo de nuestra terrorífica guerra civil, en una minúscula aldea de León que se llama Cabañeros y que, como has dicho, es una pequeña pedanía del municipio de Laguna de Negrillos, situado en el sur de la comarca leonesa del Páramo, muy cerca de la línea divisoria con las provincias de Zamora y Valladolid. Conviene no confundir mi aldea, Cabañeros, con un parque natural famoso que también tiene el mismo nombre de Cabañeros y que está situado en la Mancha. Cabañeros, quiero decir mi aldea, aún sobrevive a duras penas porque su población fija apenas alcanza unos seis o siete habitantes que en el verano pueden llegar a ser cerca de 30. En la época de mi niñez, Cabañeros tenía unos 120 habitantes, de los que unos 40 éramos niños. Como ocurrió en tantísimos pueblos de España desde la década de los 60 del siglo pasado, Cabañeros se fue vaciando de población que se trasladó a Asturias, a Madrid, al País Vasco y a Cataluña. Y también hubo otro contingente que se fue a Europa, sobre todo a Alemania y Suiza. Todos ellos salían en busca de una vida mejor. La dureza de la vida, sobre todo para las mujeres, hizo que las jóvenes salieran en masa, normalmente para trabajar como criadas en la ciudad. Y después, o detrás de las chicas, salieron los chicos a trabajar en las fábricas y en la construcción.

Las condiciones de vida en la aldea eran poco menos que medievales. No exagero ni un ápice al decir esto. Mis padres, como la inmensa mayoría de los habitantes, se dedicaban a la agricultura, al cultivo de pequeñas haciendas agrícolas. Era realmente una economía de subsistencia. El pueblo se comunicaba con la cabeza del municipio, Laguna de Negrillos, por un camino pedregoso. Quiero decir que no había carretera, no había teléfonos, no había agua corriente. La gente extraía el agua de los pozos que tenían en las casas. Para ir al médico o a la farmacia, teníamos que desplazarnos unos cinco kilómetros hasta Laguna de Negrillos, naturalmente por ese camino pedregoso del que he hablado.

También teníamos que ir a Laguna de Negrillos para tomar el autocar que viajaba hasta León porque no pasaba por el pueblo. Lo único que prácticamente separaba o se separaba de la vida medieval era el hilillo mísero de luz eléctrica que llegaba a las viviendas. Los únicos meses relativamente agradables eran los de verano. Con la llegada del otoño venían los fríos tremendos, que duraban hasta el final de la primavera. Ese recuerdo, el del frío gélido es uno de los más intensos que conservo en mi memoria de la niñez. Se decía que León tenía tres meses de infierno y nueve de invierno.

El frío se hacía omnipresente y además era difícil de combatir incluso dentro de las casas.

Aunque no se puede decir que yo llegara a pasar hambre, la alimentación adolecía de graves carencias: apenas comíamos pescado, fruta o verdura. Recuerdo que el día de Reyes mis padres me dejaban en un zapato, una naranja y algunas castañas y nueces. Para mí eran auténticas golosinas. Todavía hoy en día valoro la fruta como una delicia exquisita.

Me has preguntado por lo que más recuerdo de mi infancia. Aparte de la dureza de la vida, siento aún desazón por el ambiente de miedo que había dejado la guerra civil, hasta el punto de que por lo general se evitaban las conversaciones de contenido político más allá de la estricta esfera íntima familiar. Y eso a pesar de que en mi aldea no fue asesinado ningún vecino, aunque lo intentaron con varios. Pero la actuación valerosa del párroco de entonces, don Fernando, impidió los asesinatos.

También recuerdo vívidamente otros aspectos gratos. Ante todo, y sobre todo, la bendita libertad de la que disfrutábamos los niños. A las cinco de la tarde salíamos de la escuela y después nos dedicábamos a jugar, haciendo correrías por todo el pueblo y los alrededores en completa libertad. Algunos días teníamos que ir al campo a recoger hierbas para los conejos y bellotas de las encinas para los cerdos. Pero esto lo vivíamos como un juego.

Me acuerdo con mucho cariño de la escuela. En el pueblo teníamos una escuela mixta que acogía a niños y niñas desde los seis hasta los catorce años. La escuela era ciertamente menesterosa, carecía prácticamente de todo. Aparte de los pupitres, apenas tenía un pequeño armario en el que se guardaban unos pocos libros de quinta o sexta mano. Y en el invierno el frío era terrible. De nuevo el frío. Sin calefacción ni estufa. Pero nuestra querida maestra, doña Ángeles, se esforzaba por enseñarnos lo mejor que podía, y no lo hacía nada mal.

Otro recuerdo que me viene a la memoria con mucha frecuencia son los lazos de solidaridad y casi diría de hermandad entre los familiares y los vecinos. Los vínculos familiares no se reducían al núcleo familiar estricto, sino que abarcaban a la familia en sentido amplio. Recuerdo con especial cariño las fiestas de los pueblos limítrofes donde teníamos tíos y primos. Íbamos a las fiestas a sus casas y en ellas comíamos y dormíamos los niños los dos días que duraba cada fiesta. Piensa que en la aldea vecina, Villamorico, que era la aldea de mi padre, había tres fiestas al año, multiplicadas por dos días que duraba cada fiesta.

Como he dicho, los lazos vecinales también eran fortísimos. Desde tiempo inmemorial, los vecinos trataban de aliviar las calamidades que pudieran sobrevenirles, para lo que idearon una especie de seguros comunitarios. Uno de esos seguros era el de los animales. La tierra se trabajaba con mulos y, excepcionalmente, con vacas. Si moría uno de estos animales de trabajo, el dueño podía arruinarse. Pues bien, si se presentaba ese siniestro, los vecinos le compraban al dueño una bestia similar a la muerta, pagando todos ellos a prorrata la compra. Y algo similar ocurría con las casas. Si un vecino tenía la desgracia de que se le quemara la casa, los vecinos lo socorrían pagando la construcción de una casa de iguales características.

También es peculiar la institución de la hacendera, también llamada facendera. El nombre es un residuo del leonés. Cuando había una obra pública que los vecinos podían realizar por sí mismos, la Junta Vecinal los convocaba a concejo, a campana tañida. Se decía así: campana tañida. Se convocaba a concejo, que realmente era la asamblea de los vecinos y se celebraba en el atrio de la Iglesia. En el concejo se decidía a mano alzada la forma de llevar a cabo la obra. Pero lo peculiar es que eran los vecinos los que la realizarían. No obstante, de esta carga quedaban excluidos los ancianos, los enfermos y las viudas. Esto de la Junta Vecinal exige alguna aclaración. Como Cabañeros no tiene ni tenía Ayuntamiento propio, sino que es una pedanía, es decir, una entidad local menor del municipio de Laguna de Negrillos, los asuntos públicos que afectan a la aldea tienen dos centros de gestión: el propio Ayuntamiento de Laguna y la Junta Vecinal.

También tenía un marcado carácter comunitario el vaquero, lo que llamábamos el vaquero. Cada vecino tenía de promedio dos mulos y una o dos vacas. Se llevaban estos animales a pastar a la pradera comunal. El problema era que, si cada vecino tenía que cuidar de sus animales, se necesitaban muchas personas. Por ello, los vecinos habían ideado lo que llamaban el vaquero. Se reunían todos los animales y una familia se cuidaba de vigilar los animales un día concreto. Al día siguiente lo hacía otra familia y así sucesivamente.

Hubo otro hecho deslumbrante del que me acuerdo mucho. Cuando tenía unos siete años, el cura del pueblo, don Celestino, consiguió un aparato de televisión que instaló en el edificio que había sido la antigua fragua. Una vez que la fragua cerró, el cura creyó que era un buen lugar para poner el aparato de televisión. Creó así un rústico, digamos, teleclub. Los más ancianos creían que aquello era algo mágico. Poco antes de cerrarse la emisión diaria, salía una locutora para despedirse hasta el día siguiente y uno de los ancianos le contestaba invariablemente: Buenas noches, señorita. Por más que le insistíamos en que ella no lo veía, el señor no podía creerlo. Éramos tan paletos que, recordándolo ahora con piedad, me río solo. Cuando salía en televisión la relación de apellidos de los que habían intervenido en programas que se emitían desde Barcelona, un señor que había hecho la guerra civil en Cataluña nos decía: mirad todos son apellidos catalanes: Puig, Pujol, Soler. Y a nosotros nos maravillaba que pudiera saber todo eso sin conocer a aquellas personas.

Asimismo, recuerdo con afecto el trato respetuoso que los niños guardábamos hacia los mayores. Todavía ahora cuando hablo de mi maestra digo doña Ángeles, como digo don Celestino cuando me refiero al cura. Y, por supuesto, a todas las personas mayores de 30 años las llamábamos señor y señora. No importa que fueran los más pudientes del pueblo o los más pobres, que fueran letrados o analfabetos. Y sigo hablando del señor Mauricio, de la señora Leonor. Y así sucesivamente.

Por cierto, como tú dices, en mi manual de Derecho Procesal Civil he utilizado, para designar a los litigantes, numerosos nombres de personas de mi aldea y de las aldeas cercanas. De esta forma, rindo un modestísimo homenaje a la memoria de estas personas desconocidas.

E.F. Has mencionado algunos recuerdos de tu infancia y tu juventud: el frío, el hambre, la Guerra civil, la libertad, la escuela, la familia, los vecinos, el cura…. Me ha parecido que en ese contexto viviste una etapa dura, pero al mismo tiempo feliz. ¿Cómo crees que todo ello influyó en tu carácter, en tu personalidad, y quizá en tu manera de ver el mundo? ¿Cómo puede haber incidido en tus creencias o en tu ideología? ¿Podrías identificar los rastros que todo ello ha dejado en la persona que eres hoy?

M.C. Sí, sí. Es indudable esto que dices: el ambiente vivido en la infancia, es decir, en unos años que son decisivos para la formación del carácter de una persona, influyeron poderosamente en mi talante. Ante todo, y a pesar de las carencias económicas y de la dureza de la vida, fui un niño feliz. Me sentía querido por la familia y los vecinos del pueblo. Por lo demás, ni siquiera llegábamos a sentirnos pobres por la sencilla razón de que los otros vecinos estaban en su inmensa mayoría en una situación económica similar. El sentimiento de pobreza tiene unos elementos objetivos, pero tiene también un fuerte componente subjetivo y relacional o de comparación.

Digo muchas veces, y te repito ahora, que mi visión del mundo es la propia de un campesino leonés, con sus valores: moderación en las ideas y en la forma de vivir, huyendo de toda clase de extremismos; realismo, o sea, preferencia por saber cómo es la realidad antes de determinar cómo podría o debería ser; afán por servir a la comunidad, aunque esto implique pérdida de ganancias económicas, de cargos o de honores. Por ejemplo, a lo largo de mi vida profesional he tenido suculentas ofertas económicas de grandes bufetes, pero, agradeciéndolas, las rechacé porque tuve claro que, si las aceptaba, no podría llevar a cabo las investigaciones que tenía entre manos, especialmente las investigaciones históricas de Derecho procesal. Como también tuve incluso propuestas para que presentara mi instancia al Consejo General del Poder Judicial para aspirar a una plaza en el Tribunal Supremo. Digo que tuve propuestas de ese tipo que procedían de altos magistrados del Tribunal Supremo, con los que yo mantenía una gran amistad. También las rechacé por la misma razón que acabo de decirte.

Un valor especialmente importante en esa cultura campesina es la lealtad a la palabra dada. Esto lo viví constantemente cuando acompañaba a mi padre a la plaza de ganado de León, que en aquel tiempo era la más importante de España. No sé hoy si sigue siendo igual. Allí iban a vender y comprar vacas, terneros, ovejas, etc. ganaderos venidos de Galicia, de Asturias y de Cantabria, aparte de los de León. Simplemente se trata de que la plaza de ganado de León está situada en esa intersección entre diversas tierras. Bueno, decía que, cuando acompañaba a mi padre, era para vender algún ternero normalmente. Y el trato entre el comprador y el vendedor se cerraba con un simple apretón de manos, que era y se sentía como algo sagrado. Si después venía otro comprador ofreciendo un precio superior, había que respetar la palabra dada.

Otro valor que aprendí en mi niñez es la capacidad de resistencia ante las bofetadas que nos propina la vida. Siempre he tenido una salud quebradiza, como tú sabes bien. Pero los dos últimos años ha empeorado gravemente. Como también sabes, he estado tres veces a las puertas de la muerte, sin exageración, en estos dos últimos años. El COVID que sufrí a finales de 2021 obligó a hacerme una intubación y dejó destrozados mis riñones, mis pulmones y el sistema muscular. Desde hace tres meses me veo obligado a hacer diálisis, pero he conseguido resistir.

Otra influencia decisiva en mi personalidad fue la de mi abuela materna, Toribia, que vivía en la aldea con nosotros en nuestra casa, pero no pertenecía a la cultura campesina. Su padre había sido maestro y su hermano también.

Ella igualmente quería estudiar magisterio, pero no pudo porque tenía dos hermanas muy enfermas y fue ella la que tuvo que asumir la carga de cuidarlas. En mi formación humana es la persona que mayor influencia tuvo. Mi abuela conservó toda su vida un enorme cariño por la lectura y la cultura en general. Cuando ingresé en la escuela del pueblo yo ya sabía leer. Me había enseñado mi abuela, aunque por supuesto, no entendiera lo que leía. Pondré otro ejemplo de la actitud de mi abuela ante la cultura. A lo largo de su vida consiguió enseñar gratuitamente a leer y escribir a varias personas adultas analfabetas. Como anécdota añadiré que una de esas personas, la señora Leonor, que vivía sola en el pueblo y consiguió aprender a leer y escribir, tenía todos sus hijos en la emigración por distintos puntos de España y entonces, aunque consiguió, como digo, leer y escribir, no se fiaba del todo de su propia escritura. Y le pedía a mi abuela que le escribiera las direcciones de las cartas de los sobres de sus hijos. Entonces cada X tiempo venía a casa con una ristra de sobres y mi abuela rellenaba las direcciones. Y luego ya tenía para todo el invierno, el largo invierno, y el resto del año los sobres preparados para enviarlos a sus hijos que estaban en diversas ciudades, en diversos lugares. Cuando murió mi abuela, la señora Leonor me pidió si yo podía seguir haciendo lo mismo que hacía mi abuela. O sea, rellenar estos sobres. Me dijo: me fío a pies juntillas de ti, de tu discreción. Y yo asumí gustoso esa tarea de escribiente. Efectivamente, cada verano, cuando iba de vacaciones a la aldea, me traía una pila de sobres y yo ponía las direcciones. La señora Leonor era una mujer pobre, pero con una inteligencia natural portentosa. Con motivo de mi boda nos regaló una olla exprés, que para ella fue un dispendio enorme y que Nuri ha utilizado en casa hasta no hace mucho.

Otra anécdota que te contaré relacionada con esa vocación de enseñanza de mi abuela es la del señor Emilio. Emilio era otro analfabeto de la aldea al que enseñó a leer y escribir mi abuela. Él era más joven que mi abuela y le prometió que, cuando muriera mi abuela, él estaría encordando (encordar es tocar las campanas a difunto) durante todo el tiempo que durara el velatorio, hasta que llevaran el ataúd al cementerio. Lo que ocurrió fue que, al poco de eso, el señor Emilio sufrió un infarto de miocardio y murió repentinamente, con lo cual su hijo Delfín le dijo a mi abuela: yo sé cuál era la ilusión de mi padre y la promesa que te hizo, así que no te preocupes, que la cumpliré yo. Y así fue: cuando murió mi abuela, el velatorio duró casi dos días y Delfín se llevó una silla al pie de la campana y allí estuvo tocando la campana, encordando durante dos días. Lo que te decía antes de la lealtad.

Bueno, por descontado, el ambiente vivido en la niñez ha influido en mi ideario político y en la evolución de mis creencias religiosas. El catolicismo, que impregnaba prácticamente todas las facetas de la vida en la aldea, me dejó huellas imborrables. Soy una persona de formación y cultura católica. Con independencia de la evolución de las creencias religiosas que he tenido, que he sufrido.

E.F. Si uno se fija en los principios y valores que regían en el contexto que viviste, tal como los has explicado, sorprende (o entristece) el contraste con la realidad actual. Has mencionado la moderación, el realismo, el afán de servicio y la lealtad. Y vivimos en un mundo donde hay polarización, dogmatismo y falsedad, individualismo y, por supuesto, deslealtad. ¿Cómo se vive en este mundo?

M.C. Pues se vive mal. Es decir, conforme pasa el tiempo, este mundo en el que vivimos, es cada vez menos mi mundo. Lo digo cada dos por tres desde hace ya tiempo. Cada vez es menos mi mundo, pero no sólo ni principalmente por razones tecnológicas, por los avances tecnológicos que cada vez me van quedando más lejanos. No, es justamente por lo que tú has dicho. Ahí está, digamos, la madre del cordero. Es el cambio de valores, la sustitución de los valores en los que yo me crie, por esos nuevos, si se pueden llamar así. Valores que nada tienen que ver con aquéllos. Soy plenamente consciente de que el mundo en el que me crie y en el que me eduqué, el mundo de mi niñez, ya no forma parte de este mundo, de nuestra realidad cotidiana. Es algo que la historia ha arrojado a la papelera, desgraciadamente. Digo desgraciadamente porque a mí me parece que eran valores positivos, mucho más que los que hoy reinan en este mundo.

E.F. Hay un aspecto de tu vida que no está en tu infancia, porque es posterior, pero me parece que, desgraciadamente, la ha marcado y quizá también haya influido en tu personalidad: me refiero a tu salud, o a tu mala salud. Todos los que te conocemos hemos vivido las enfermedades que te han ido acechando desde hace años, y al mismo tiempo hemos visto y comprobado con admiración la fortaleza con la que tú las has soportado y superado hasta hoy: con una actitud de conformidad y gran resistencia. ¿Crees que este valor para resistir ante la adversidad procede también de tu infancia? ¿De tu familia, o de algunas personas que pudieron transmitirte esa actitud?

M.C. Ante todo lo que quiero decirte es que yo agradezco de todo corazón, agradezco inmensamente la preocupación que los amigos habéis sentido por mí durante toda esta última época de enfermedades continuas y terribles. Mi sentimiento es, ya digo, sobre todo de gratitud. Pero sí, yo creo que

esa capacidad de aguante, de resistencia, procede de la infancia y concretamente de la dureza de esa infancia. Es que la dureza se vivía a diario y para
subsistir tenías que superarla. No quedaba más remedio. No te planteabas
ningún subterfugio. Imagínate. Ya he dicho que no teníamos autocar que
pasara por la aldea y que el autocar nos dejaba en Laguna de Negrillos, en la
cabeza del municipio, unos cinco kilómetros sin carretera. Yo llegaba del seminario con mi maleta o mis maletas y había que ir a la aldea. Era realmente
de una dureza terrible, porque a todo esto, sobre todo cuando nos íbamos
en las vacaciones de Navidad, el frío era terrorífico. Salían sabañones en las
manos. Era tremendo, pero había que avanzar, aunque fuera parándose cada
pocos metros. No quedaba más remedio. En cierta ocasión se puso enferma
mi hermana. Le habían sacado una muela, y se le infectó. Se puso muy enferma. Me pidieron mis padres que fuera a llamar al médico a Laguna de Negrillos. Era en pleno invierno. Me fui con una bicicleta que tenía barra. Una bicicleta masculina, se decía entonces. Con una barra que yo no alcanzaba a
sobrepasar, por lo cual tenía que llevar la pierna derecha por debajo de la
barra, pedaleando así para llegar a Laguna de Negrillos. Me caí dos o tres
veces en el camino. Ya digo que no era carretera, era un camino de piedras.
Pero había que seguir, había que llegar a casa del médico. La vida era así de
dura. La escuela no tenía estufa, no tenía calefacción, pero se resistía.

E.F. Esta capacidad de resistencia, o de resiliencia como también se dice
ahora, ¿no crees que contrasta igualmente con un mundo en el cual las
personas expresan su malestar ante el menor contratiempo? En este mundo —afortunadamente, el nuestro— en el que existe mayor bienestar, donde las personas reciben más ayudas ¿no crees que se ha asentado una cultura de la queja, de intolerancia hacia la adversidad?

M.C. Sí, yo creo que sí, que esto es así. A ver, yo no digo que aquello fuera
un ideal, un modo de vida deseable. No, no digo eso, pero digo que, si lo
llegas a vivir, si llegas a vivir ese modo de vida, pues crea en ti unas resisten-
cias y crea una capacidad de resiliencia mayor que si vives entre comodida-
des, está claro. Y ahora quizás nos hemos pasado al extremo contrario.

E.F. ¿Crees que en tu capacidad de resistencia ante la mala salud puede
haber influido tu formación religiosa?

M.C. Sí, seguramente, porque el catolicismo en sí mismo lleva consigo
unos valores de, traduciéndolo a la filosofía griega clásica, de estoicismo,
de resistencia ante las adversidades. Estoy convencido de que es como
dices.

E.F. Entre los recuerdos de tu juventud ha aparecido una persona que, según parece, tuvo una gran influencia y te marcó decisivamente: tu abuela Toribia. A ella le atribuyes el despertar de tu inquietud intelectual y de tu pasión por el conocimiento ya en la infancia. La verdad es que resulta difícil de comprender cómo un niño de una pedanía de León en los años cincuenta podía desarrollar ese afán de conocimiento en un contexto social y cultural nada propicio, y lo desarrollara sin interrupción hasta llegar a ser Catedrático. Aunque hablaremos de ello al tratar de la Universidad y la vida académica, estaría bien que explicaras de dónde surgieron esas ganas de conocer y de aprender en tu infancia. ¿Fue realmente decisiva en este punto la influencia de la abuela?

M.C. Sí, en esencia fue el ejemplo de mi abuela. Ya he dicho que sus orígenes culturales no eran los propios de la cultura campesina. Era como una flor de otro jardín. Su padre, o sea, mi bisabuelo, había sido labrador, pero era un hombre, ya en el siglo diecinueve, totalmente atraído por la vocación docente. Su ilusión era ser maestro. Entonces, siendo labrador, hizo lo que hoy veríamos, y los vecinos de entonces vieron, como una auténtica locura, propia de la cultura romántica. Vendió la mayor parte de su hacienda, que no era mala. La vendió para poder costearse los estudios de magisterio cuando estaba ya casado e incluso tenía el hijo mayor, para hacer un peregrinaje por escuelas de León, después de Asturias y luego nuevamente de León, porque eran distrito único docente Asturias y León. De hecho, mi abuela nació en una de esas estancias en una aldea inaccesible de la montaña asturiana. Cuando mi bisabuelo pudo regresar a un pueblo de León, venía con la mayor parte de su familia baldada (se decía así), o sea, enferma de reuma. Se decía en aquel tiempo que vas a pasar más hambre que un maestro de escuela. Y, efectivamente, eso le ocurrió a mi bisabuelo. Y por derivación, también a mi bisabuela y a mi abuela. Él siguió manteniendo un gran cariño a la cultura y a la docencia hasta que murió de un infarto con 51 años. Entonces mi bisabuela, mi abuela y sus hermanas quedaron totalmente desamparadas. Mi abuela hubiera querido ser maestra, pero no pudo. Y, siguiendo el ejemplo de su padre, mantuvo un cariño enorme por la cultura y por la lectura. En la medida modestísima en que se puede satisfacer este anhelo en una pequeña aldea. En ese contexto, ella se procuró siempre unas relaciones humanas, de amistad, muy curiosas, porque, a pesar de que vivía en la aldea, siguió manteniendo vínculos de amistad con maestros que eran amigos de su hermano, que también era maestro y fue asesinado en nuestra terrible guerra civil. Lo mataron en Asturias por venganzas personales, no por cuestiones ideológicas. Y entonces, con los amigos maestros de su hermano, siguió manteniendo unas relaciones de amistad muy estrechas, y con otras personas letradas de la aldea y de las aldeas próximas. Ella era siempre muy amiga de los maestros, de los médicos y de los curas, a los que siempre asaltaba con preguntas. Y ese era el otro desahogo cultural que se podía permitir junto a la lectura, con los escasos libros que había en casa. Se pasaba muchas horas leyendo y escribiendo, escribiendo sobre todo cartas. Escribía cartas a todos estos amigos.

El origen de mi curiosidad intelectual y el anhelo de aprender está, como te he dicho, en el ejemplo diario de mi abuela Toribia. En casa no había muchos libros, pero durante todos los ratos que le quedaban libres, mi abuela leía sin cesar. Por cierto, buena parte de aquellos libros habían pertenecido aún a su padre o a su hermano, ambos maestros. Hay un refrán de resonancias católicas que viene a cuento: «El mejor santo es Fray Ejemplo». Yo veía a mi abuela leyendo sin parar. Junto a esta pasión por la lectura, mi abuela tenía un afán insaciable de conocimiento. Preguntaba y preguntaba a todas las personas letradas con las que tenía amistad, médicos, sacerdotes, maestros, etcétera. Yo ingresé en la escuela del pueblo poco antes de cumplir los seis años, pero con bastante anterioridad había aprendido a leer. Mi abuela me preguntó si quería aprender a leer. Acepté entusiasmado y aprendí a leer rápidamente. Cuando entré en la escuela leía de corrido las cartillas con las que en aquel tiempo aprendíamos a leer y era capaz de leer un periódico, aunque captaba solo el significado de algunas palabras sueltas.

A esta influencia hay que añadir otro factor importante. Aunque había muchos vecinos analfabetos y el nivel de estudios de la mayoría que sabía leer era elemental, había un enorme respeto por el conocimiento, se sentía una rendida admiración por el saber, y los niños nos dábamos cuenta de esto, lo que servía de acicate para aprender. Hace poco tiempo hablaba por teléfono con uno de los buenos amigos que conservo de mi época en el seminario y me decía: tú eras el más destacado intelectualmente de nuestro curso y todos los demás sentíamos admiración hacia ti, pero, si esto hubiera pasado hoy, habrías sido una víctima propiciatoria del acoso escolar. Desgraciadamente, creo que mi amigo Servando tiene razón.

Las posibilidades de formación en la aldea eran ciertamente muy limitadas. Los niños y las niñas trabajábamos por grupos ordenados por edad, desde los más pequeños de seis años hasta los mayores de 14 años. También yo empecé trabajando con los más pequeños, pero la maestra se dio cuenta de inmediato de que estaba bastante más avanzado que los niños y las niñas de mi edad. Así es que me insertó en un grupo de niños mayores que yo, pero a medida que pasaba el tiempo me siguió subiendo de grupo. El resultado fue que cuando tenía diez años ya formaba parte del grupo de trabajo de los niños y las niñas de 13 y 14 años, es decir, de los que estaban a punto de terminar sus estudios. La maestra habló con mi abuela Toribia, con la que tenía una estrecha amistad y le dijo que ella ya no podía enseñarme más, que pronto la escuela me aburriría y que era necesario que me fuera a estudiar a León.

Por aquel tiempo las órdenes religiosas tenían contactos con los curas y los maestros de los pueblos para informarse de niños de inteligencia despierta que pudieran seguir estudios con los frailes. Era su cantera, por así decirlo. Fíjate que era un sistema de captación de estudiantes que posteriormente fue adoptado por los grandes clubs de fútbol. Hago hincapié en que sólo buscaban niños. Es decir, que las órdenes religiosas femeninas no se preocupaban de fichar a niñas inteligentes. Otra manifestación más del machismo reinante. Entonces, al igual que había ocurrido una generación antes con mi padre, a mí también me intentaron fichar unos frailes, pero el cura del pueblo, don Celestino, convenció a mis padres para que me enviaran al Seminario Diocesano de León, o sea, al Centro de Formación de los Sacerdotes, dependiente directamente del Obispado de León. Don Celestino tenía la ilusión de que me ordenara sacerdote. A los siete años me había nombrado monaguillo, por lo que tenía que ayudarle en las misas y demás actos litúrgicos celebrados en Cabañeros y en la aldea cercana de Conforcos. Don Celestino atendía tres parroquias: Ribera de la Polvorosa, Cabañeros y Conforcos. Él vivía en Ribera, que era donde celebraba la primera misa los domingos y festivos. Después decía misa en Conforcos y terminaba con la misa de Cabañeros, que está en medio de Ribera y Conforcos. Yo lo esperaba a la entrada de mi pueblo, allí llegaba con su Citroen dos caballos y nos íbamos a Conforcos por aquellos caminos pedregosos.

Aún recuerdo con temblor el frío que pasé en las iglesias de Conforcos y Cabañeros, mi aldea, en los largos meses invernales. En ninguna de ellas había calefacción, ni una modesta estufa. Cuando salía de la misa de Cabañeros me iba corriendo a casa y ponía mis pies en el horno de la cocina de carbón, lo que se llamaba la cocina económica, hasta alcanzar un cierto equilibrio calórico. Pero ejercer como monaguillo también tenía sus prebendas. Cada domingo don Celestino me daba dos pesetas con las que compraba mis chucherías. Con una peseta se podía comprar una buena bolsa de pipas saladas. La otra peseta, normalmente la dedicaba a comprar diez bolas de anís. Después nos íbamos a consumir las chucherías en el club del pueblo, mientras veíamos la serie que ponían en la tele, que era Bonanza. Todavía resuena en mis oídos la música de la serie.

E.F. Todo lo que cuentas me parece muy elocuente de la situación social y cultural en que se encontraba entonces España, y de nuevo aquí se puede ver un contraste con la situación actual. Lo digo porque donde tú creciste, y en ese momento de la posguerra, las personas no tenían acceso a los bienes culturales ni disponían de recursos culturales como bibliotecas, conciertos, museos, teatros, etc. Lo cual contrasta con la gran facilidad que hoy tienen la mayoría de los ciudadanos de acceder a la cultura a través de los servicios culturales, y más aún con las nuevas tecnologías. Para empezar, se ha reconocido el derecho a la educación, y después se ha extendido el acceso a la Universidad. A pesar de ello, nos parece que las personas son hoy menos cultas o tienen menos intereses culturales. A veces salen encuestas sobre los índices de lectura u otros aspectos, pero la impresión es que hay un contraste con la época en la que había una gran miseria cultural.

M.C. Es chocante, como tú dices, el contraste en este aspecto. Creo que es tan grande o superior al que se da en cuanto a la sustitución de valores de la que hablábamos. Claramente las posibilidades culturales que había en una aldea minúscula eran ínfimas. Yo diría que la única actividad cultural, digámoslo así, que se desarrollaba autogestionada por los jóvenes del pueblo, con la ayuda a veces del cura o de algún maestro, era lo que se llamaban comedias, que en realidad eran representaciones dramáticas, que podían ser comedias, dramas o tragedias, indistintamente. Los jóvenes venían de trabajar del campo y se pasaban sus horas ensayando, preparando la representación con toda la ilusión y todo el cariño. Y entonces, cuando se convocaba en alguna de aquellas aldeas una representación dramática de ese tipo, de todas las aldeas de los alrededores cientos de personas se desplazaban con sus carros, sus bestias, los carros tirados por mulos e instalaban sus carros alrededor de la Plaza Mayor, donde se celebraría la representación, o en un descampado o en un prado. Y desde allí veían la representación. Los actores no cobraban nada, pero hacían una rifa de un jamón y, como todo el mundo compraba números, pues al final acababan recaudando una cantidad importante para ellos. Prácticamente diría que es la única manifestación cultural que recuerdo. Y ya ves que es de autocreación.

No había bibliotecas en la aldea, por supuesto que no, pero tampoco en la cabeza del municipio, Laguna de Negrillos, había ni una triste biblioteca pública. Ahora sí la hay. Hay que decir que tras la llegada de la democracia se creó una biblioteca pública bastante buena. No está mal, pero entonces no había nada, no había absolutamente nada. Sin embargo, los vecinos del pueblo, incluso los analfabetos, tenían un respeto inmenso por la cultura, eran analfabetos forzados o forzosos, eran personas como mi tía abuela, que vivía con nosotros. Se llamaba Anastasia. Vivió 98 años, y aún conoció a mi hija Laura. Pues era analfabeta, pero es que sencillamente ella era la mayor de no sé cuántos hermanos y tuvo que salir a trabajar ya con su padre, que era pastor, y le iba a ayudar con el rebaño de ovejas. Por ello, no pudo ir a la escuela.

Como te decía, los vecinos de aquellos pueblos sentían gran respeto por la cultura y esto desgraciadamente se ha perdido, creo yo. Como dices, ahora, cuando estamos inundados de cultura, no la apreciamos. Quizás sea eso, quizá sean la gratuidad y el exceso los que nos hagan despreciar, devaluar, la cultura. Entonces, allí, en las aldeas, era un bien tan escaso que era casi inexistente, pero por eso mismo seguramente valioso, muy valioso para todas las gentes.

Te he hablado de las representaciones dramáticas. Recuerdo ahora otra manifestación cultural, que era más excepcional. Y es que de tarde en tarde llegaba a la aldea un rapsoda, un recitador. Iba pasando por los pueblos. Recitaba poesía o coplas o relatos simplemente. Y te aseguro que se llenaba la plaza, se llenaba de gentes a escuchar. De esa forma disfruté yo de mi primera audición del famoso romance «La tierra de Alvargonzález» de don Antonio Machado; un rapsoda llegó al pueblo y empezó a recitar el romance, que además es una historia campesina terrible, ocurrida en Soria. Y entonces, claro, a las gentes de aquellos pueblos les cautivaba aquella historia de los hermanos envidiosos que matan al padre para heredar, etcétera. Era una historia que les tocaba de cerca. Pero salvo esas mínimas manifestaciones culturales, no podían disfrutar de nada.

E.F. Con lo que me has contado hasta aquí se puede ver que, a pesar de los años transcurridos desde que dejaste tu pueblo natal para vivir en Cataluña, mantienes una unión muy estrecha con tu tierra, tu familia y tus amigos de ese rincón leonés. ¿Por qué crees que has mantenido este vínculo tan vivo con esa identidad? Si es que puede llamarse así, ¿en qué se basa la identidad leonesa que conservas desde tu infancia?

M.C. Bueno, creo que la razón principal es la que te he dicho. La razón principal de esa vinculación es que, a pesar de la penuria económica que padecíamos, tuve una infancia feliz. Y yo creo que ahí se resume esa vinculación con la aldea y con León. Cuanto más envejezco, más se intensifica esa sensación de paraíso perdido respecto de mi infancia.

Pero, aparte de esto, mi sentimiento leonesista tiene fundamentalmente raíces culturales. Cuando era niño me entusiasmaban algunas manifestaciones culturales referidas a mi tierra leonesa, que estaban muy presentes entre las gentes del pueblo y que aún hoy me siguen emocionando. Por una parte, los relatos sobre historias que se contaban los vecinos al calor de la lumbre durante las largas noches de invierno. Se llama a eso filandón. Ese es el famoso filandón, que está muy bien definido, por cierto, en la correspondiente entrada de Wikipedia. La persona que haya hecho esa entrada acierta plenamente. El filandón, dice la Wikipedia, es una reunión que se realiza por las noches una vez terminada la cena, en la que se cuentan en voz alta cuentos, al tiempo que se trabaja en alguna labor manual, generalmente textil. Tal reunión se solía hacer alrededor del hogar con los participantes sentados en escaños o bancadas. Y añade con acierto Wikipedia: el filandón se sigue practicando en la provincia de León. También me gustaban mucho las canciones populares leonesas y me siguen gustando, claro está.

Por cierto, suele destacarse el hecho de que León tiene un número de escritores excelentes que es muy superior al que le correspondería por su población. La nómina es, desde luego, imponente. Hace ya alguna generación Jesús Torbado; el último premio Cervantes, Luis Mateo Díez; Trapiello; Julio Llamazares. Y tantos otros. Mi teoría es que, si bien a partir de, más o menos, la Baja Edad Media, el castellano desplazó al leonés que se hablaba en aquellas tierras, en realidad se produjo un fenómeno de yuxtaposición, permaneciendo en León un vocabulario inmenso de términos leoneses y formas de expresión propias del leonés, hasta el punto de que tengo muchas veces la sensación de que hablo al mismo tiempo dos idiomas: el castellano y el leonés. Es algo realmente muy curioso, que además, según dice Nuri, mi mujer, se intensifica cuando voy a León. Entonces, el número de términos leoneses y de expresiones leonesas se hace dominante y dejo casi de hablar castellano estándar. Si lees a alguno de los autores que he mencionado o a otros autores leoneses, podrás advertir esa duplicidad, con la riqueza de términos y giros lingüísticos consiguiente.

Pero volviendo al tema de tu pregunta, me interesa destacar que mi sentimiento de identidad lo es ante todo para con mi aldea. Me permito tomar prestada una idea que don Alejandro Nieto, el insigne administrativista que por cierto fue profesor mío de Derecho Administrativo, dejó apuntada en el libro que citabas, el librito de memorias que publicó poco antes de morir *El mundo visto a los noventa años*. Dijo Nieto que, después de haber estado en los cinco continentes y haber viajado por numerosos países, en realidad sólo sentía como propias las ruinas de su pueblo y las piedras en las que se sentaba de niño. Pues algo parecido me pasa a mí. Siento como algo verdaderamente propio, como íntimamente propio, las ruinas de mi aldea y las piedras en las que jugaba y que seguirán estando ahí cuando yo me vaya de este mundo. Te voy a leer un poemilla inédito que escribí hace poco tiempo sobre este sentimiento de vinculación afectiva con mi pueblo. Lo escribí en la aldea, en Cabañeros, y expresa, creo yo, ese sentimiento. El poema se refiere a unos álamos y chopos que están delante de mi casa del pueblo y que ya estaban allí cuando nací. Dice así: «Enhiestos chopos, álamos relucientes, / que me visteis nacer y me acompañáis / hasta la muerte. / Fieles guardianes de mi casa campesina, / sólo os suplico que deis cobijo / a mis nietos, para que puedan sentir / la dulzura de vuestro abrigo».

Después, sí, viene mi sentimiento de pertenencia a León. Ahora bien, quiero dejar clara una cosa: mi leonesismo no tiene nada que ver, ni por asomo, con el independentismo. Mi leonesismo es perfectamente compatible con otros sentimientos identitarios. Me siento también español, como me siento a la vez catalán de adopción. Como bien dices, es en Cataluña donde he vivido la mayor parte de mi vida, donde me he formado profesionalmente y he desarrollado mi carrera académica y donde formé una familia en la que, según digo siempre medio en broma medio en serio, soy minoría como catalán adoptivo, mientras que mi esposa, mis hijas y mis nietos son todos catalanes de origen. ¿Cómo no voy a estar yo agradecido a esta tierra que me acogió con los brazos abiertos?

E.F. Según has explicado, en la época de tu infancia la forma que tenían los niños (no las niñas) de seguir sus estudios después de la escuela del pueblo era su ingreso en un Seminario. Tú ingresaste en el Seminario Diocesano de León en 1967, y empezaste una nueva vida alejado de tu pueblo y de tu familia. ¿Qué supuso y cómo te afectó esa experiencia vivida en los años de seminario? ¿Qué implicó para tu formación, y para tus creencias religiosas? ¿Por qué decidiste no ordenarte cura? ¿Cómo han evolucionado tus creencias?

M.C. Sí, bueno, como te decía antes, la maestra del pueblo, doña Ángeles, le dijo a mi abuela que ya no podía enseñarme más en la escuela de la aldea y que era necesario que me fuera a estudiar a León, porque de lo contrario pronto empezaría a aburrirme en la escuela. A partir de aquí se abrió, vamos a ponerlo entre comillas, el «debate» del que salió vencedor el párroco del pueblo, don Celestino, porque mis padres decidieron llevarme al Seminario diocesano como él proponía. Y allí me fui para hacer el examen de ingreso, acompañado por mi padre y don Celestino, el cura. Pero, cuando me disponía a hacer el examen, las autoridades del seminario le dijeron a don Celestino que no era necesario superar esta prueba porque ya había aprobado antes el examen de ingreso en el Instituto Público de León. Todo esto pasaba en el mes de junio de 1967. Bueno, pues a finales de septiembre de ese mismo año ingresé en el seminario. Recuerdo que fue mi madre quien me acompañó en esta ocasión.

El desgarro fue tremendo. De golpe tenía que abandonar la que había sido mi vida hasta entonces. Mi vida y mi mundo. La familia, los amigos, el pueblo, las correrías por la aldea. Mis padres trataban de convencerme de que la separación era por mi bien, por tener un futuro mejor. Pero yo era un niño de 11 años y lo único que veía eran los efectos negativos inmediatos. Menos mal que el ser humano posee una capacidad de adaptación espléndida y, si es un niño, mejor que mejor.

En ese seminario, al que se llamaba menor, se estudiaban los siete primeros cursos de la carrera. Al finalizar ese periodo de estudios, se pasaba al seminario mayor, para cursar los estudios de Filosofía y Teología, necesarios para la ordenación como sacerdotes. En aquel tiempo el ingreso en el seminario seguía siendo prácticamente el único medio de promoción social, hasta el punto de que éramos más de setecientos seminaristas. La inmensa mayoría de nosotros procedíamos de familias formadas por pequeños agricultores de economía muy modesta, aunque también había algunos de origen social diferente: profesionales liberales, funcionarios, comerciantes, obreros. Un grupo muy visible era el de los hospicianos, niños que habían sido abandonados y se habían criado en un orfanato.

El seminario diocesano era uno de los centros de estudio más accesibles económicamente. Aun así, para mis padres suponía un sacrificio importante. Menos mal que, a poco de entrar en el seminario, los curas nos informaron de que podíamos pedir becas si obteníamos buenas notas. Así fue como conseguí mi primera beca, que era modesta, pero aliviaba mucho a mi familia. Desde entonces hasta la finalización de mis estudios de Derecho, disfruté ininterrumpidamente de becas.

También desde el punto de vista del prestigio académico el seminario era un centro educativo del «montón», en el que, como he dicho, estudiábamos niños de familias con economía muy modesta. Por cierto, poco más o menos en los años que estudié en el seminario de León, también estudiaron en León tres conocidos dirigentes políticos: Mariano Rajoy estudió en el Colegio de los Jesuitas (su padre era presidente de la Audiencia Provincial de León); Alberto Núñez Feijoo lo hizo en el Colegio de los Maristas; y Rodríguez Zapatero estudió en el Colegio Leonés, que era laico. Los tres Colegios que he mencionado (Maristas, Jesuitas y Leonés) eran Colegios de élite, con gran prestigio, a diferencia del seminario.

El régimen de vida del seminario era verdaderamente espartano, y creó en mí un sentimiento de pesar que se despertaba cada vez que incurría en una pérdida de tiempo, aunque esto se ha dulcificado con el paso de los años. Te resumiré ese régimen disciplinario, para que puedas hacerte una idea más exacta. Nos levantábamos a las siete de la mañana. Nos lavábamos en unos lavabos colectivos, situados al lado del dormitorio. En los meses más duros del invierno, había días en que el agua estaba congelada. Después de asearnos, nos vestíamos y arreglábamos la cama. A continuación, nos trasladábamos a la iglesia (la capilla) para hacer la primera meditación del día, seguida de inmediato por la misa. Y de ahí pasábamos al comedor, para el desayuno. Luego nos dirigíamos a las aulas. Comenzábamos con una hora de estudio, a la que seguían dos clases. Se hacía después un recreo de media hora, y se terminaba la mañana con otra clase. Seguía el traslado a la iglesia para la acción de gracias, y se pasaba luego al comedor, para hacer el almuerzo. Después disfrutábamos de un recreo de una hora, tras lo cual se reanudaban las clases, alternadas con otros ratos dedicados al estudio y a hacer los deberes exigidos por los profesores. Al caer la tarde íbamos a la iglesia a rezar el rosario, y después cenábamos. A renglón seguido nos trasladábamos al dormitorio. A las diez de la noche las luces tenían que estar apagadas. Todos los traslados de una estancia a otra se hacían en riguroso silencio, y formando dos filas.

En el seminario continué impregnándome de la cultura católica que había comenzado a asimilar durante la niñez en la aldea. La influencia del catolicismo en todos los ámbitos de la vida hacía que se viera como algo normal, como natural, persistir en estas creencias religiosas. Hasta que salí del seminario, no me asaltó ninguna duda seria sobre estas creencias. Pero, a partir del quinto curso, me venía planteando, cada vez con más insistencia, si tenía o no vocación para ser cura. Por un lado, me seguía haciendo ilusión ordenarme como sacerdote. Por otra parte, no me veía con fuerzas suficientes para soportar toda la vida el celibato que se exigía, y se exige, a los curas católicos. Me daba cuenta de que me gustaban las chicas. Y no estaba dispuesto a vivir en la mentira, como les ocurría a tantos y tantos curas, que convivían con sus respectivas parejas, a las que presentaban como amas de llaves. Y no digamos los casos de los curas abusadores, que empezaban a conocerse por entonces. Lo que quiero decir es que, si me hubieran permitido compatibilizar el sacerdocio con el matrimonio, probablemente hubiera continuado mis estudios en el seminario, hasta ordenarme de cura.

Así es que decidí abandonar el seminario al final del sexto curso. El día 9 de junio de 1973 nos dieron las vacaciones de verano. Fue mi último día en el seminario. El rector del seminario, don Eduardo, se llevó un tremendo disgusto. Se enojó mucho conmigo. Creo que, en su mentalidad, consideraba que estaba incurriendo en una traición. La verdad es que las autoridades eclesiásticas habían puesto muchas esperanzas en mi futuro. Me habían prometido que, una vez ordenado como sacerdote, me proporcionarían una beca para ampliar estudios en Roma, en las mejores Universidades de la Iglesia. En realidad, a mí lo que me gustaba era ser párroco de pueblo, para poder ayudar a la gente.

Cuando llegué a Cataluña, en 1974, seguía siendo creyente y practicante. Pero ya en el primer año de estancia en Cataluña se inició en mí un atormentado proceso de crisis espiritual. La fe del carbonero, es decir, la fe irreflexiva recibida por vía de tradición, se empezó a poner en tela de juicio. Cuestiones que hasta entonces resolvía con una genérica apelación a la providencia divina se convirtieron en una viva preocupación. De entre todos esos problemas destacaba el tema del dolor y del sufrimiento injustos. ¿Cómo se podía explicar que, siendo Dios omnipotente e infinitamente bondadoso, permitiera el dolor y el sufrimiento de inocentes, como, por ejemplo, la enfermedad mortal o dolorosa de un niño? Empecé a leer sobre esta cuestión, y no encontré una respuesta mínimamente satisfactoria dentro del universo católico. Cayó en mis manos un librito del gran filósofo inglés Bertrand Russell *¿Por qué no soy cristiano?*, que me hizo pensar mucho. El proceso concluyó unos años después con el abandono del catolicismo y de las creencias religiosas.

Con simultaneidad a esa crisis espiritual se produjeron otros hechos que contribuyeron a hacerme incómoda la permanencia en la Iglesia. Poco a poco fui cobrando conciencia del papel legitimador de la Dictadura que había asumido la Iglesia, con poquísimas excepciones. Es cierto que en el tardofranquismo amplios sectores de la Iglesia pusieron tierra por medio con el régimen franquista y se enfrentaron a la Dictadura, pero al mismo tiempo la Iglesia se seguía beneficiando de los privilegios y las estructuras de poder creadas por el franquismo.

Al mismo tiempo, viví algunas experiencias personales que eran incomprensibles para mí. Cuando llegué a Cataluña, a pesar de estar en tierra que aún era extraña para mí, le propuse al cura de mi parroquia, que era la de Sant Josep de Terrassa, que me gustaría colaborar en tareas de catequesis con la parroquia. Pero su respuesta fue fría, casi displicente. Entendí pronto que su desconfianza se debía al hecho de ser yo castellanoparlante venido de fuera. Creo que supuso erróneamente que yo era un policía o confidente de la policía que intentaba infiltrarse. Hay que tener en cuenta el contexto: estábamos al final del franquismo, y en la parroquia se celebraban reuniones políticas clandestinas. Por otra parte, estaba comenzando la deriva nacionalista de la iglesia catalana, que tenía en la parroquia de Sant Josep a una de las más representativas de esta tendencia.

Al poco tiempo, dejé de creer. Esto no significa negar la decisiva influencia que la formación católica ha tenido en mi vida. Más aún: me gustaría volver a creer, pero esto no me ha sido posible. Y, por descontado, soy escrupulosamente respetuoso con las creencias religiosas ajenas. Por ejemplo, cuando en momentos amargos de mi vida algunos amigos me dicen que rezan por mí, yo se lo agradezco de todo corazón, porque sé que me están dando algo que para ellos es muy valioso.

E.F. A pesar del abandono o la pérdida de la fe, ¿no crees que, por un lado, ese entorno de catolicismo cultural en el que viviste (como todos); y por otro, tus convicciones cristianas, pudieron influir en tus posiciones políticas e ideológicas? En Europa, los postulados del cristianismo se han encarnado en movimientos e incluso en partidos políticos, de los que quizá tu has formado parte.

M.C. Sí, claro está que tuve esas experiencias. Lo fueron con los que se llamaban entonces cristianos de base. Era un movimiento muy activo en aquella época en España, que incluía a los cristianos obreros. Esa corriente me empezó a influir en León. El interés se despertó en los últimos años del seminario, que eran ya años postconciliares: yo entré en el seminario en el año 67 y el Concilio había terminado el año 65. De todas formas, aunque los nuevos aires estaban llegando al seminario, lo hacían con dosis lentas y reducidas. Por ello, el primer contacto real con el movimiento de los cristianos de base se produjo después de salir del seminario, durante el año académico que pasé en el Instituto de León. Pues ahí sí, en ese curso me inserté ya en ese movimiento de cristianos de base en la parroquia a la que yo iba, que era la parroquia de Santa Ana en León (el barrio de Santa Ana era el antiguo barrio judío). Había un grupo de cristianos de base vinculado a la parroquia en el que yo me movía a gusto. Se celebraban reuniones, charlas. Y se iba a hacer una actividad entre política y pastoral a barrios desfavorecidos. Eso fue lo que me movió a ofrecerle mis servicios al párroco de Sant Josep de Terrassa cuando llegué a Cataluña, porque yo sabía que ésta era una de las parroquias de Terrassa que tenían un movimiento de cristianos de base importante. Dentro de ese movimiento de cristianos de base había un grupo, también relevante entonces, a los que se llamaba cristianos por el socialismo, que trataban de compaginar el ideario socialista y en ocasiones netamente comunista, con el catolicismo, con el cristianismo. Bueno, era un magma político, religioso, ideológico, que tenía relevancia en esos momentos en España, cuando aún no teníamos democracia, y los modernos partidos democráticos todavía se movían en la clandestinidad. Aquel proyecto mío no pudo cristalizar en mi parroquia de Terrassa, y por otra parte yo inicié al mismo tiempo una evolución en cuanto a creencias religiosas y políticas.

Pero de lo que no hay duda es de que fui influido por ese punto de partida. Es decir, se fueron acumulando sucesivamente todas estas manifestaciones de la influencia cristiana, como has dicho. La formación inicial en mi niñez en la aldea. Después el seminario, que ya digo que era un seminario que comenzaba a ser postconciliar, por tanto, abierto a los nuevos aires que venían de Roma. Después los movimientos de cristianos de base, incluyendo los llamados cristianos por el socialismo. Bueno, todo eso fue formando una amalgama de creencias, un ideario, que desembocó en lo que ya con más madurez ha sido a partir de entonces mi ideario político. Ya te dije que la cultura campesina de mi tierra era una cultura presidida por la moderación en cuanto a ideas y actitudes. Y en ese amplio espectro de la moderación me he movido yo. Lo que podríamos llamar centro, o si, prefieres concretarlo, centroizquierda, es decir, posiciones socialdemócratas templadas. Las raíces son las que te he contado. Cuestión distinta es identificar mis ideas políticas con alguno de los partidos políticos actuales. A eso no he llegado. Y, de hecho, cuando se convocan elecciones, voy a votar, porque me parece un deber cívico, pero voto con «la nariz tapada».

E.F. Hay un aspecto de tu infancia del que me gustaría hablar, aunque entiendo que quizá pueda incomodarte. Como hemos visto, ya en la escuela te mostraste pronto como el chico más listo de la clase, después en el Bachillerato como el estudiante más destacado, y claro, terminaste la carrera con un expediente de matrícula. Siempre me he preguntado en qué momento una persona es consciente de sus capacidades intelectuales sobresalientes. ¿Cuándo fuiste consciente tú de que eras un chico muy listo, más avanzado que el resto de la clase, con una gran inteligencia y una memoria prodigiosa? ¿Cómo te afectó esa conciencia de tus grandes capacidades intelectuales? ¿Cómo influyó después en el desarrollo de tu vida profesional y académica?

M.C. Bueno, sí, sí, es una pregunta incómoda, pero ya que la has hecho, pues tengo que responderla, por supuesto. Para empezar, no sé yo si mis aptitudes intelectuales se ajustan a lo que dices. Pero soy consciente, y lo fui muy pronto, de que superan la media. A veces creemos que los niños no se percatan de las cosas, pero esto no es así. En mi caso me di cuenta de mi capacidad intelectual a poco de ingresar en la escuela del pueblo. Si la maestra planteaba cuestiones que ni siquiera los niños mayores sabían resolver, mientras que yo sí sabía, me daba cuenta de que era algo más espabilado. Y después estaban los comentarios elogiosos de la maestra, de los otros niños y de los vecinos, a los que asaeteaba con preguntas que no sabían contestarme.

En realidad, mi primer éxito académico lo viví a los nueve años. El inspector de enseñanza primaria visitó la escuela, y preguntó qué significaba lo que salía en el escudo de la bandera española. Hacía pocos días había leído un librito que contenía nociones sobre los antiguos reinos españoles. Uno de los pocos libros que se conservaban en aquel pequeño armario de la escuela. Así es que entonces alcé la mano y empecé a explicar los símbolos de cada uno de esos reinos que aparecen en el escudo. Es el castillo. El león. Las barras.

El inspector exclamó: ¡muy bien niño, muy bien! Y, al abandonar el aula me obsequió con un caramelito, mientras le decía a mi maestra doña Ángeles: ¡y dígales a los padres de este niño que lo alimenten mejor! La verdad es que, cuando miro mi aspecto canijo en alguna foto de aquel tiempo, comprendo el comentario del inspector.

Después, en el seminario, ocurrió lo mismo: rápidamente fui el alumno más destacado de mi curso. Se decía que era el alumno que más sabía del curso. Y esta fama trascendía a los alumnos de los otros cursos. El verano pasado me recordaba un amigo del seminario, Servando, que un compañero nuestro de un curso superior había hablado con él hacía poco y recordaba aún con admiración mis dotes intelectuales. Ese otro amigo de mi amigo Servando es el actual obispo de la diócesis de Astorga. Ten en cuenta que en León hay dos diócesis, la de León, que ocupa la parte oriental de la provincia, y la de Astorga, que ocupa la parte oeste de León, incluyendo El Bierzo y también se adentra en Orense y Zamora.

Y lo mismo pasó cuando, tras salir del seminario, me fui al Instituto público de León. Por cierto, mi ingreso en el Instituto pone de relieve las relaciones que mantenía la Iglesia con la Dictadura. Por acuerdo de la Iglesia y el Gobierno, los estudios realizados en el seminario se convalidaban oficialmente, pero con un castigo: obligaban a repetir el último curso. La consecuencia fue que tuve que repetir todo el sexto curso. Lo hice en el Instituto Padre Isla de León, que entonces era sólo masculino.

Me vi obligado a buscar una pensión para ese curso. Hablando con otros compañeros del seminario que también iban a estudiar en el Instituto, me dijeron que ellos ya tenían contratada una pensión. Pregunté y me informaron de que aún cabía otro inquilino más. La pensión estaba en un piso de la avenida Reino de León, cerca de la Iglesia de Santa Ana, y la regentaba una anciana maravillosa llamada Sara, que estaba soltera y procedía de una aldea de la montaña leonesa. Cuando tenía catorce años, Sara había ido a trabajar como sirvienta de una familia pudiente. Sirvió consecutivamente a dos generaciones, y, cuando alcanzó la edad de la jubilación, la señora le donó un piso para que pudiera instalar una pensión que le permitiera subsistir. Sara se encargaba de hacernos la comida y arreglar las habitaciones (en ese mismo barrio de Santa Ana había nacido y vivido el célebre anarquista Buenaventura Durruti).

Fue un curso espléndido. De repente pasé de un régimen disciplinario estricto a disfrutar de una completa libertad. Los estudios me exigían poco esfuerzo porque todas las asignaturas ya las había cursado con notas excelentes en el seminario. Prácticamente me bastaba ir a clase para obtener muy buenas calificaciones. A esto dedicaba las mañanas. Las tardes me quedaban libres. Y me dedicaba a ver sesiones dobles de todos los cines de León, a leer en las bibliotecas municipales, y a jugar al futbolín y el ping-pong.

Me preguntas cómo ha influido en mí esa conciencia de mis capacidades intelectuales. La verdad es que la influencia ha tenido diversas manifestaciones. La primera de todas fue la convicción de que, como me sobraba tiempo para superar los estudios con buenas calificaciones, tenía que hacer otras cosas complementarias. Cuando aún estaba en el seminario, concebí una idea un tanto bizarra. Pedí a mis padres que me financiaran un curso de alemán por correspondencia. Aún recuerdo el nombre de la empresa que dispensaba esos cursos: CCC. Y es que, movido por mi admiración hacia don Crescencio, el mejor profesor que tuve en el seminario, decidí estudiar alemán. Don Crescencio hablaba varios idiomas, entre ellos el alemán.

Mis padres aceptaron la nueva carga económica, y empecé a estudiar alemán. Después, cuando abandoné el seminario, planteé a mis padres mi deseo de ir a trabajar a Alemania, donde vivía mi primo Benjamín, pero no me lo permitieron. En aquella época, en la España de entonces, Alemania se veía como una especie de oasis. Asimismo, durante mis estudios de Derecho impartí clases particulares a varios niños, aliviando la carga económica que soportaban mis padres. Te digo esto por lo que te comentaba antes: el *horror vacui* que he sentido siempre frente a la sensación de perder el tiempo. He tratado de llenar el tiempo con actividades complementarias, y mi idea es que esto es una herencia, como te comentaba, de mi paso por el seminario en años especialmente influyentes para la vida posterior: los años de adolescencia y primera juventud.

La conciencia de mis aptitudes intelectuales me influyó de otra forma. Me di cuenta rápidamente de que la inteligencia y la memoria no eran lo único valioso. Había niños que eran más fuertes que yo, otros eran más ágiles, otros tenían aptitudes artísticas que yo no poseía, como el oído musical o la destreza para el dibujo. La asignatura de música es la única que superaba en el seminario con un simple aprobado, y eso gracias a que dominaba la teoría, porque mis destrezas musicales eran ínfimas. Y lo mismo pasaba con mi habilidad, también muy escasa, para el dibujo. Pues estaba yo convencido de que mis aptitudes intelectuales eran dones recibidos gratuitamente, como lo eran también todas esas otras habilidades, lo que creó en mí un sentimiento profundo de modestia que afortunadamente he conservado toda mi vida.

Con el paso de los años fue madurando en mí un cierto sentimiento de privilegio por mi capacidad intelectual, que me permitió dedicarme a una actividad profesional que ha sido gratificante: la docencia y la investigación jurídicas. Por el contrario, la inmensa mayoría de los niños y niñas de mi aldea se han tenido que ganar la vida desempeñando oficios duros y poco satisfactorios. Han vivido este hecho como algo que guarda semejanzas con los trabajos forzados. Y encima algunos de esos oficios son muy peligrosos. Mi mejor amigo de la aldea era un niño un año mayor que yo, Arcadio, aunque todos lo conocíamos como Cayín. Tiempo después, cuando tenía veinte años, Cayín se tuvo que ir a trabajar en la construcción a Gijón. Al tratar de colocar un tejado, éste se deslizó al vacío desde una altura de casi veinte metros. Cayín quedó destrozado. Pocos días han pasado sin que tenga un recuerdo por mi amigo. ¿Cómo no iba yo a sentirme privilegiado haciendo algo que me gustaba hacer?

UN LARGO PASEO   37

E.F. Te has referido a la música y a tu falta de oído musical. Se dice que hay tres ámbitos en los que se pueden mostrar logros excepcionales incluso antes de la pubertad, y de ello existen ejemplos: el ajedrez, las matemáticas y la música. ¿En alguno de ellos destacaste en tu infancia o adolescencia?

M.C. En el pensamiento abstracto de las matemáticas, y el pensamiento entre abstracto y diríamos topográfico, como es el concerniente al ajedrez, sí me defiendo bien. Sacaba notas excelentes en matemáticas. Y jugaba, y todavía juego, a un nivel bastante elevado en el ajedrez, no a nivel, vamos a decirlo así, de jugador profesional, porque eso exige una dedicación que no le he querido prestar a esta actividad, pero desde luego que me defiendo bastante bien. Te diré además que el ajedrez ha sido para mí una especie de mezcla de placer y dolor. De sufrimiento. ¿Por qué? Porque es una actividad que atrapa mucho intelectualmente, absorbe muchísimo. Y eso es lo que me ha ocurrido a mí, por lo menos en dos épocas de mi vida, en que me volqué al ajedrez y sentía dolor de conciencia por la pérdida de tiempo que eso suponía. Total, que en la primera época suspendí el ejercicio del ajedrez. Estuve bastantes años sin mover una pieza, pero después volví a hacerlo, en este caso ya por vía telemática, en programas *on line* excelentes. Pero lo he vuelto a dejar otra vez. Ahora llevo unos años en que he dejado de jugar, porque me estaba encaminando otra vez a una atracción excesiva. No sé si algún día lo volveré a retomar, pero por ahora lo he dejado totalmente de lado.

E.F. Hay otra habilidad que has mencionado, la cual puede dar pie a equívocos cuando hablamos de la inteligencia de las personas: el dominio de los idiomas y la capacidad para aprender lenguas. Creo que fue Ortega y Gasset quien, ante los elogios que suscitaba el dominio de varios idiomas por parte de Salvador de Madariaga, dijo que se puede ser inteligente o tonto en varias lenguas.

M.C. ¿Qué es lo que estaba pensando Ortega respecto de Madariaga? Bueno, aquí hay una distinción que yo creo que es importante trazar. Mi escaso oído musical. No hay ninguna duda. Cuando más pasa el tiempo, más me doy cuenta de que me ha dificultado mucho el aprendizaje de otros idiomas. Pero el aprendizaje de idiomas hablados. Por mucho que me he esforzado desgraciadamente en el lenguaje hablado no he pasado de chapurrear el inglés. El francés algo más. El italiano un poco mejor. Y el catalán también un poco mejor. Y, sin embargo, aquí viene ya lo del pensamiento abstracto. Me ha sido relativamente fácil aprender a leer en otras lenguas. El dominio de la gramática y del vocabulario de otras lenguas no me ha costado demasiado esfuerzo. Es decir, yo he aprendido idiomas a golpe de diccionario y de gramática, que me han permitido, como digo, leer en otros idiomas, leer incluso obras literarias.

E.F. Parece que el ajedrez ha sido para ti casi una adicción (o sin casi). Y me gustaría tratar otra de tus adicciones: la lectura. Todos los que te conocemos, sabemos que desde hace muchos años (no sé si aún hoy), durante las horas en que los mortales dormíamos, tú consumías libros hasta el amanecer, quizá debido a tus problemas de insomnio. La lectura es para algunos una necesidad, para otros un placer o un hábito; y parece que hay coincidencia en que es una ventana a otros mundos y a otras personas que nos enriquece. Tu paisano, el escritor Luis Mateo Díez, premio Cervantes, declaraba en una entrevista que «quien lee y lleva un vida cultural intensa tiene una vida mucho mejor que si eres un pobre desgraciado que dice que eso a él no le aporta nada.» Aunque hablaremos de libros en el último capítulo, me gustaría saber qué piensas de esa adicción.

M.C. No hay duda de que la lectura ha sido una de mis grandes pasiones. Quizás la pasión por excelencia. Probablemente es lo que más me ha gustado y me sigue gustando hacer desde niño. Ya desde niño procuré leer los pocos libros que teníamos en casa y los de la escuela. Después en la biblioteca del seminario y sucesivamente en las bibliotecas municipales de León y de Terrassa. Aquí cerca de donde hablamos, había una biblioteca, la Soler y Palet, que era pública, y en la que yo me pasé horas fantásticas. Más tarde en la biblioteca de la Facultad. En fin, siempre he procurado leer mucho. Efectivamente, como dices, esa pasión se incrementó con mis problemas de insomnio, que me invitaban a pasar las horas que no dormía leyendo, leyendo mucho, y, claro está, durmiendo poco. Con todos los perjuicios que eso ha tenido, sin duda, para mi salud. Pero bueno, ahora me he moderado, me he impuesto una disciplina más rígida con el sueño, pero, aun así, sigo leyendo bastante. La verdad es que ha sido, sin duda, la pasión de mi vida.

E.F. De Cabañeros a Terrassa hay una distancia no solo física sino cultural, económica, política. ¿Cómo es que viniste a Cataluña?

M.C. Superado con éxito el curso en el Instituto Padre Isla de León, se me planteaba el dilema de dónde iba a cursar el COU (Curso de Orientación Universitaria), que era el preparatorio de la Universidad. Para matricularse en una determinada Universidad, era necesario haber hecho el COU en el mismo Distrito Universitario. El problema es que en León no había por entonces Universidad. Sólo tenía la Facultad de Veterinaria y alguna Escuela de Ingeniería técnica, pero pertenecían a la Universidad de Oviedo. Asturias y León formaban un Distrito universitario único.

A mí no me apetecía hacer Veterinaria, ni, mucho menos, Ingeniería. Pensaba estudiar Derecho o Filosofía y Letras. ¿Dónde hacer el COU entonces? Si lo hacía en el Instituto de León, sólo podría matricularme en la Universidad de Oviedo. Fue entonces cuando planteé a mis padres la posibilidad de ir a trabajar a Alemania, donde tenía un primo hermano, Benjamín, que vivía y trabajaba en Hamburgo. Pero mis padres se negaron en redondo, probablemente con buen criterio. Y, ante esta negativa, nada se podía hacer, porque, entre otras cosas, yo era aún menor de edad. Mi hermana Esperanza, que ha sido para mí como una especie de segunda madre porque es casi siete años mayor que yo, propuso generosamente a mis padres acogerme en su casa de Terrassa, para hacer el COU, lo que me permitiría matricularme después en la Universidad de Barcelona o en la Autónoma de Barcelona, que era de reciente creación. A mis padres les pareció bien la idea, y a mí también. Debo reconocer que también me animaba el desafío que suponía trasladarse al otro lado del país, a una región, Cataluña, con una identidad cultural y unas formas de vida marcadamente distintas a las de León. Mis padres, con la ayuda de la beca, pagaban a mi hermana los gastos de manutención. Pero ella añadía el enorme trabajo que suponía cuidar de mí. Nunca dejaré de agradecer a mi hermana el cariño con el que me trató.

E.F. ¿Cómo viste a la sociedad catalana que conociste cuando te instalaste en Terrassa? ¿Cómo viste esa ciudad, exponente de la Cataluña próspera y con una importante población que inmigró del resto de España?

M.C. Llegué a Terrassa a finales de septiembre de 1974, en plena crisis económica del petróleo, que se había iniciado el año antes. A los pocos días comencé el curso de COU en el Instituto Blanxart de Terrassa, que era mixto a diferencia del Instituto de León del que procedía.

Terrassa era un mundo del todo diferente de la aldea agrícola y de la ciudad tradicional de las que venía. No exagero si digo que me deslumbró. Casi por cualquier calle del centro por la que caminaras, veías fábricas textiles, y oías el ruido característico, y para mí desconocido hasta entonces, de sus máquinas.

Procuré continuar con un régimen de vida similar al que había seguido en el Instituto de León, centrado mayormente en las clases y el estudio. Me pasaba muchas horas en el Instituto, incluyendo su biblioteca. Como había ocurrido en todos los centros en que había estudiado, me convertí rápidamente en el alumno que obtenía mejores notas en mi grupo.

Además de la crisis económica, que obligaba al cierre continuo de fábricas, vivíamos en pleno tardofranquismo. No recuerdo haber visto una huelga o manifestación en León, mientras que en Terrassa, y en Cataluña en general, las manifestaciones y las huelgas en centros de trabajo y estudio eran incesantes. Con frecuencia desataban duras cargas policiales, que terminaban con heridos y detenidos. Yo iba al Instituto y volvía a casa caminando en compañía de otros alumnos de la misma clase. Uno de aquellos días recibí una lección de vida y política. En una asamblea celebrada en el Instituto se acordó hacer un día de huelga, por lo que nos fuimos a nuestras casas. Teníamos que pasar por delante de una gran fábrica metalúrgica, la AEG, una empresa alemana. Y, al hacerlo, uno de los alumnos de nuestro grupo (prefiero llamarlo alumno, y no compañero) sacó de su mochila, sin avisarnos previamente, un paquete de octavillas con propaganda política, exaltando al partido político del que el alumno formaba parte, que era uno de los grupúsculos comunistas que florecieron en aquel tiempo, y que defendían propuestas más radicales que las del PCE y PSUC. El alumno arrojó las octavillas en la entrada de la AEG y salió corriendo. El guarda de la fábrica, del que se decía que había formado parte de la guardia personal del dictador Franco, salió a perseguirnos, pidiendo ayuda a voces a la policía para que nos detuviera. Al final conseguimos zafarnos a duras penas escapando por el entramado de callejas que rodeaban la fábrica.

Ese curso trabé amistad con un compañero de clase, Javier Rubio, que había nacido en Terrassa, pero de padres granadinos de Baza. La familia tenía un bar en el barrio obrero de Can Anglada, situado cerca de la casa donde vivía mi hermana. Rubio estudió odontología y con el tiempo se convirtió en el dentista de la familia. Teníamos otro compañero de clase que había venido desde un pueblo de Guadalajara, Alfredo Vega. Estudió magisterio y fue nombrado director de un colegio público. Después se dedicó a la política y llegó a ser alcalde de Terrassa por el PSC en la época del *procés*.

Otro aspecto que me sorprendió mucho fue la enorme pluralidad de orígenes geográficos de los habitantes de Terrassa. La verdad es que, salvo poquísimas excepciones, no me sentí rechazado por los catalanes de origen, aunque yo venía de fuera y no sabía ni una palabra de catalán. Tanto dentro del Instituto como fuera la convivencia entre inmigrantes y autóctonos era excelente.

Algunos fines de semana me iba a Barcelona con mi hermana, mi cuñado y mi sobrino Jordi. Si Terrassa me había deslumbrado, Barcelona la superó. Especialmente los paseos por las Ramblas, con gentes de las más variadas procedencias tratando de entenderse, eran algo de ensueño para un palurdo provinciano como yo.

E.F. Desde que te trasladaste a Terrassa para estudiar, has vivido ininterrumpidamente en esta ciudad hasta hoy. Aquí has formado tu familia con Nuri, tus hijas y tus nietos nacidos aquí, donde también has desarrollado tu carrera académica y profesional. ¿Podría decirse que has desarrollado una segunda identidad como catalán?

M.C. He mantenido mi identidad leonesa, pero, desde que llegué a Cataluña, he ido forjando también una identidad catalana. Ésta fue mi tierra de acogida primero y de adopción después. Como dices, aquí he formado mi familia con Nuri, aquí nacieron mis hijas y mis nietos. Siento a esta tierra tan mía como León. Y, por decirlo con palabras de don Antonio Machado, «cuando llegue el día del último viaje, y esté al partir la nave que nunca ha de tornar», espero que me encuentre aquí.

La decisión de seguir viviendo en Cataluña hasta el final de mis días fue meditada y tomada en común con mi esposa Nuri. Quiero decir que, en la época en que decidí presentarme al concurso para la cátedra de Derecho Procesal de la Universidad Autónoma de Barcelona, se me ofreció la posibilidad de acceder a diversas cátedras de otras tantas Universidades de fuera de Cataluña. Sólo firmé el concurso de una de esas cátedras: la de la Universidad de León, pero lo hice por razones románticas o simbólicas, porque ya entonces había decidido continuar en Cataluña. El que sería catedrático de Derecho Procesal de León, que después lo ha sido muchos años de la Autónoma de Madrid, mi amigo Juan Damián, tuvo un gesto de amistad conmovedor: me llamó y me dijo que, siendo yo de León, comprendería que quisiera volver a esa tierra, en cuyo caso él no se presentaría al concurso. Le dije que había firmado por motivos afectivos, pero que no me presentaría.

E.F. ¿Cómo has hecho compatible esta identidad catalana con el mantenimiento de ese vínculo tan estrecho con tu tierra natal? ¿Cómo has vivido tu integración en Cataluña?

M.C. Esa segunda identidad ha convivido en mí sin problemas con la otra identidad. La integración en la sociedad catalana me resultó fácil. Hubo un factor que seguramente ayudó mucho. Me refiero a la convivencia con catalanes de origen e inmigrantes en todos los ámbitos en los que me movía: el barrio, el Instituto y después la Universidad.

Me di cuenta de inmediato de que aquí convivían dos lenguas, dos culturas. También me enteré pronto de la marginación y la persecución que habían sufrido la lengua y la cultura catalanas, por lo que creí, y sigo creyendo, en la necesidad de adoptar medidas de protección del catalán. Si mi experiencia personal no me engaña, eran mayoría los inmigrantes que deseaban que sus hijos supieran catalán.

A su vez, desde el punto de vista político, la singularidad innegable de Cataluña justificaba sobradamente un Estatuto de Autonomía con fuertes competencias. Honestamente, si dejamos de lado fabulaciones pseudohistóricas, el balance global de estas décadas de Constitución y Estatuto de Autonomía me parece positivo para Cataluña.

E.F. Alguien dijo que uno es de donde ha estudiado el Bachillerato.

M.C. Sí, Max Aub, un escritor que en sí mismo es un gran personaje, casi olvidado. Había nacido en París, y era hijo de un alemán y de una francesa de orígenes judíos. Sus padres vinieron a trabajar a Valencia cuando él era pequeñito, de manera que se crió y estudió el Bachillerato en Valencia. Era un republicano fervoroso y al final de la guerra se tuvo que exiliar. Cuando le preguntaban por qué se sentía tan español a pesar de que no tenía vínculos familiares con España, él decía que uno era de donde ha estudiado el Bachillerato.

E.F. Me ha venido a la cabeza esta frase porque tú no cursaste aquí el Bachillerato sino el COU, que se hacía a los 16 años o 17 años. Y me pregunto si el hecho de que vinieras a Cataluña a esa edad no facilitó la generación de esa segunda identidad. Quizá si hubieras venido más tarde, por ejemplo, para sacar una Cátedra en la Universidad, hubiera sido distinto.

M.C. Mi caso era efectivamente atípico. En primer lugar, porque, como bien dices, por la edad aún estaba en periodo de formación, en plena juventud, claro, y estaba no sólo formándome, sino formando también mis identidades personales. La nueva experiencia en Cataluña fue un complemento del proceso iniciado en León. Quiero decir que aún estaba a tiempo de asimilar esta nueva realidad y por eso seguramente me costó poco adoptar esta segunda identidad.

E.F. Y quizá el hecho de que a esa edad iniciaras la relación con Nuri, una chica de Terrassa, pudo también ayudar a tu integración en Terrassa, y en Cataluña.

M.C. Sí, eso fue un elemento clave. Totalmente. Porque Nuri y su familia son un buen ejemplo de esto que decíamos en cuanto a la generosidad para acoger al foráneo. Y mi relación con Nuri empezó muy pronto porque yo vivía en casa de mi hermana, como he dicho, y mi hermana era vecina, puerta con puerta, de los padres de Nuri. Entonces la conocí enseguida y relativamente pronto empezamos a salir ya, como se decía entonces, en plan de novios. Yo llegué a Cataluña en septiembre del 74 y empezamos a salir en junio del 76, o sea, en menos de dos años ya habíamos, por así decirlo, formalizado nuestra relación, que naturalmente había empezado antes. De esta manera yo me adentraba en esta nueva realidad, en esta nueva tierra, en este nuevo país, a través de los ojos de Nuri, a través de lo que ella me decía, lo que me contaba, de sus relaciones, con lo cual fue todo mucho más fácil. Porque significaba tener una relación fluida también con sus amigas, con su mundo, con su familia en sentido amplio: tíos, primos y demás. Por lo tanto, todo fue más fácil, y ya no sólo por la edad, no sólo por la relación con Nuri, sino también por lo que vine a hacer aquí. Como digo, mi situación era atípica, no era la normal de un inmigrante. En este punto tengo que ser realista y modesto. A diferencia de la inmensa mayoría de inmigrantes, yo no venía a trabajar, venía a estudiar, y esto facilitaba seguramente las cosas.

E.F. Llegados a este punto, y antes de concluir el Capítulo, me gustaría hablar un poco del *procés*, aunque ya lo hemos hecho bastante en los últimos años. De un aspecto que tiene relación con lo que has explicado, por cuanto el *procés* fue, entre otras cosas, un intento de excluir de Cataluña una de esas dos identidades que mantienes, lo cual afecta a muchos ciudadanos de este país. ¿Cómo has vivido el *procés* en tu condición de leonés integrado en Cataluña?

M.C. Pues con inmenso dolor, y con enorme tristeza. Cuanto mayor era el entusiasmo de mis amigos independentistas, que los tengo, tanto mayor era mi desolación. Se nos intentaba tranquilizar diciéndonos que la independencia de Cataluña no implicaba que nosotros no pudiéramos seguir siendo españoles. Pero el consuelo era poco menos que nulo. Cuando alguien que quiere formar parte plenamente de una sociedad se siente rechazado en una de sus identidades por la mitad de esa sociedad, me parece que una reacción normal es la huida. Tú sabes que inicialmente esto fue lo que pensé. Puesto que tenía la suerte o el privilegio de poder continuar ejerciendo la misma profesión en una Universidad de fuera de Cataluña, me dije: me voy. Si no lo hice, se debió al vínculo más fuerte que me une a Cataluña: mi familia.

Al mismo tiempo, experimenté una evolución psíquica profunda, que me llevó a la decisión firme de quedarme. Creí que abandonar Cataluña era facilitar los objetivos de quienes pretendían separarse de España. Tengo un afecto apasionado por mi tierra de origen, pero también lo tengo por mi tierra de adopción y por España. Ahora bien, ese afecto lo siento a través de personas concretas, y no en abstracto. Pensé que irme sería tanto como traicionar esos sentimientos, ser desleal para con esas personas.. Y, como te dije, la lealtad es un valor que aprendí de niño y sigue siendo fundamental en mi vida.

E.F. Me ha llamado la atención que hayas utilizado la expresión «psíquica» para hablar de un proceso de decisión, y después de su rectificación, lo cual denota que se trata de algo profundo. Y quizás da cuenta de cómo el *procés*, que fue —entre tras cosas— una insurgencia política fallida, nos afectó a todos en muchos aspectos: emocionales, sentimentales, relacionales.

M.C. Utilizo ese adjetivo, psíquica o psicológica, justamente por lo que acabas de decir: porque es algo profundo. No fue un simple proceso intelectual, tampoco fue un simple proceso emotivo, fue una mezcla de ambos elementos interconectados entre sí. Al mismo tiempo que reflexionaba sobre España, sobre Cataluña, sobre mi situación en ambas realidades, en Cataluña y en España, digo que al mismo tiempo que trataba de meditar racionalmente sobre ese punto, estaba viviendo con desgarro aquella experiencia.

Estaba viviendo ese proceso como algo que me atañía muy hondamente. Mi amigo el escritor José Jiménez Lozano, que fue Premio Cervantes y falleció al comienzo de la pandemia, hablaba de «almario» para referirse a esa fibra más profunda y más recóndita de nuestra psique. Algo a lo que sólo tenemos acceso nosotros mismos. Las personas próximas pueden hacerse una idea más o menos cercana de lo que sentimos. Pero en realidad el acceso pleno sólo lo tenemos nosotros. Hasta ese punto de mi psique llegó el proceso de evolución psicológica, de cambio en definitiva, no sólo ya racional, sino también fuertemente emotivo.

E.F. Esto resulta muy interesante porque demuestra cómo la mezcla de la política con los sentimientos puede dar resultados imprevisibles, como ocurre con el nacionalismo. Los analistas hacen hincapié en el predominio de lo identitario en todos los movimientos sociales y políticos actuales: las personas no se definen por lo que son o por lo que piensan, sino por lo que sienten: su género, su raza, su religión, su nacionalidad… Seguro que entre los daños colaterales del *procés*, un movimiento que apela a los sentimientos y a las pasiones, están los desgarros y las alteraciones en las relaciones personales y sociales.

M.C. Desde ámbitos independentistas se ha tratado de negar que hubiera una ruptura de relaciones interfamiliares o entre amigos. Se ha intentado, pero evidentemente hubo esa ruptura o en todo caso hubo relaciones conflictivas. Eso ocurrió. Tú y yo conocemos muchísimos casos de eso. No se puede negar que las relaciones quedaron deterioradas. Yo recuerdo, por ejemplo, un caso bien ilustrativo. Nuri tiene un grupo de amigas que son ex compañeras de trabajo y que siguen aún viéndose periódicamente para ir a merendar y tal. Y en ese grupo hay de todas las ideologías e identidades que te puedas imaginar. Y recuerdo que, cada vez que regresaba a casa en aquella época después de reunirse con sus amigas, Nuri venía triste, venía preocupadísima porque alguna de las compañeras más exaltadas, quiero decir compañeras independentistas, había discutido con ella. Al final lo que decidieron fue no hablar de política. Es una limitación enorme, porque si con tus amigos no puedes hablar de política, no puedes hablar de la realidad del país, pues es algo muy triste, pero fue la única forma de mantener las relaciones de amistad. Recuerdo también a otras personas de mi familia que tuvieron un proceso de exaltación. Y así sucesivamente.

Te contaré un episodio que he contado pocas veces. Me pasó el 1 de octubre de 2017. Recuerdo que la noche anterior me fui a dormir preocupadísimo por lo que podría pasar al día siguiente, porque los dirigentes independentistas insistían en que iban a hacer el referéndum y el Gobierno insistía en que no lo permitiría. Me fui a la cama y no pegué ojo en toda la noche. Estuve dando vueltas en la cama. Me levanté por la mañana y me pasó algo que nunca me había pasado antes ni me ha pasado después: perdí la noción del tiempo, hasta el punto de que bajé a desayunar (yo vivo en un dúplex), me hice el desayuno y desayuné sin ser consciente del día que era. Sabía, eso sí, que estaba pasando algo preocupante. Pero no era consciente de la fecha. No lo he llegado a consultar con ningún psicólogo o psiquiatra, pero yo me imagino que fue como una especie de resistencia, de negación de una realidad. Y entonces volví a subir al piso superior, donde tenía mi cuarto de trabajo, y me conecté al ordenador. Al ver el ordenador, empecé a ser consciente de la fecha. Me di cuenta de que era domingo, el día del referéndum. Y al entrar en Internet empecé a ver las noticias: de golpe me di cuenta otra vez de cuál era el motivo de preocupación que había suprimido de mi mente. Hasta ese punto de impacto psicológico llegaron las cosas en mi caso. Fue un proceso de desolación, de sufrimiento, enorme. Y al día siguiente te encontrabas con tus amigos independentistas que estaban exultantes. Fue muy duro.

La tribu universitaria

E.F. Como has explicado, en el año 1974 te desplazaste a Terrassa para cursar el COU en el Instituto, y después te matriculaste en la Facultad de Derecho de la UAB, aunque tu primera opción parece que era la Historia y las Lenguas clásicas. ¿Por qué elegiste seguir la carrera de Derecho y no de la Historia o Filosofía y Letras, que parece que era tu inclinación? ¿Qué contacto con el Derecho habías tenido antes? ¿Qué influyó más en esa decisión? ¿Consideras que existe la «llamada» o la «vocación» para una profesión? ¿O se trata más bien de las circunstancias, y como en tantas otras cosas de la vida, del azar?

M.C. Después de aprobar el COU con muy buenas notas en el Instituto Blanxart de Terrassa, tenía que pasar las pruebas de acceso a la Universidad. Si no recuerdo mal, era el segundo año en el que se celebraban estas pruebas. Las superé sin problemas. Y, como cada año, a finales de junio volví al pueblo para ayudar a mis padres en las faenas agrícolas, que durante el verano aumentaban mucho. Al terminar el verano de 1975, decidí matricularme en la Facultad de Derecho de la Universidad Autónoma de Barcelona. Mejor dicho: fue a matricularme mi hermana, porque yo continuaba trabajando en el pueblo. Diré con absoluta sinceridad que Derecho no era mi primera opción en un principio. Lo que de verdad me atraía eran la historia y las lenguas clásicas. Creo que mi decisión obedeció a criterios pragmáticos: suponía que sería más fácil encontrar un trabajo relacionado con el Derecho que con la historia o las lenguas clásicas. Y no olvidaba que los recursos económicos de mi familia eran muy limitados. No podía permitirme el lujo de emprender una carrera atractiva para darme cuenta al cabo de poco tiempo de que debía cambiar de orientación. De todas formas, no he perdido mi interés por la historia, la literatura y las humanidades en general.

Me preguntas qué contacto había tenido con el Derecho. Pues prácticamente ninguno. Matricularme en Derecho era entrar en un mundo ignoto. Así como en mi familia había habido maestros (mi bisabuelo y mi tío abuelo), no se recordaba a ninguno que hubiera ejercido una profesión jurídica. Teníamos, claro está, la experiencia, si se puede decir así, de los juicios penales con jurado, que nos ofrecían Hollywood y algunas series americanas. En mi caso, por mis raíces campesinas, contaba con otra experiencia sesgada, que eran los litigios que enfrentaban a los vecinos. Estos conflictos podían perdurar durante varias generaciones y eran los propios de una economía agrícola y ganadera: problemas de linderos entre fincas, daños causados por un animal o por un rebaño de ovejas que había invadido un fundo ajeno, etc. El desarrollo de estos pleitos era objeto de animadas conversaciones y discusiones familiares y vecinales. Pero seguían siendo experiencias marginales y de segunda mano.

¿Existe la «llamada» o «vocación» para una profesión, o más bien son las circunstancias o el azar lo que lleva a elegir esta o aquella actividad profesional?. Me parece que la elección de profesión se puede hacer por cualquiera de esas dos vías. Quiero decir que hay personas que, desde un principio, incluso desde niños, tienen claro que quieren desempeñar una profesión concreta y lo consiguen. Por el contrario, hay otras personas que, prefiriendo una determinada profesión, eligen otra, lo que puede ocurrir por diversas razones. Por ejemplo, quieren ser médicos, pero no han tenido una nota de selectividad, de «corte», suficiente para ingresar en la Facultad de Medicina. O quieren dedicarse a la filosofía, pero son conscientes de que sus expectativas profesionales son muy reducidas, y, necesitando asegurarse algunos ingresos económicos, optan por otra carrera. Mi caso pertenece, en un principio, a este último supuesto.

Inicialmente, elegí Derecho por razones prácticas, pero pronto me di cuenta de que esa elección de Derecho fue un acierto, porque me encontré en los estudios jurídicos como en mi casa. Tiene interés lo que contaba a este respecto el gran procesalista y escritor italiano Salvatore Satta, autor de la célebre novela *El día del juicio*, traducida a numerosos idiomas, incluidos el catalán y el castellano. Su padre era notario en la ciudad sarda de Nuoro, y, cuando Satta se matriculó en la Universidad de Sassari, fue a visitar, por encargo de su padre, al insigne mercantilista Lorenzo Mossa. Decía Satta que, después de preguntarle por sus mayores, Mossa empezó a hablarle de Derecho en un soliloquio interminable e incomprensible para Satta. Al terminar, Satta lo despidió y bajó las escaleras que conducían a la calle. Cuenta Satta que no había entendido nada, pero que había descubierto el absurdo, había descubierto el mundo que lo estaba esperando.

Pues algo similar me pasó a mí. Hay que tener en cuenta que en el Bachillerato y en COU no teníamos una asignatura de Derecho o de Introducción al Derecho. En consecuencia, cuando en la Facultad empecé a leer textos jurídicos aquello me parecía un lenguaje misterioso, que me atrajo de inmediato. Pensándolo ahora, creo que también influyó en esa atracción el hecho de que casi todas las asignaturas de primer curso, o sea, las que uno se encontraba al ingresar en la Facultad, tenían un fuerte componente histórico y filosófico. Ninguna era de Derecho positivo vigente.

E.F. Efectivamente, en el plan de Derecho de 1953 —que también yo cursé— las asignaturas de Primer curso eran: Derecho Natural, Derecho Político, Historia del Derecho y Derecho Romano. ¿Qué recuerdas de esas materias? ¿Cuál de ellas te interesó más?.

M.C. Tradicionalmente se había criticado la ubicación de algunas de estas asignaturas en primero de Derecho, por su falta de relación con el Derecho vigente. Sin embargo, yo agradecí encontrarme con estas asignaturas en primer curso, porque predominaban en sus contenidos los aspectos históricos y filosóficos, que inicialmente eran las materias que más me atraían.

E.F. Cuando inicias tus estudios, la UAB es una Universidad recién creada (1968) en un contexto histórico y político que marcó sus comienzos, los cuales son recordados por todos los que estudiasteis allí en los primeros años. ¿Qué recuerdos tienes de aquella Universidad? ¿Qué ambiente se vivía entonces en la UAB? ¿Cómo eran los estudiantes con los que empezaste tu carrera universitaria? ¿Cuáles fueron tus compañeros con los que mantuviste después relación, una vez terminada la carrera?

M.C. También se debió a razones prácticas la elección de la Universidad Autónoma de Barcelona. Podía estudiar Derecho en esta Universidad o en la de Barcelona (la Central), pero me resultaba más fácil el traslado desde Terrassa a la Autónoma que a la Central. Como bien dices, la Universidad Autónoma de Barcelona se había fundado pocos años antes, en 1968. Así pues, era una Universidad jovencísima. Se creó al mismo tiempo que la Autónoma de Madrid, y por motivos similares.

En aquella época del tardofranquismo las huelgas estudiantiles estaban a la orden del día, y era frecuente que los estudiantes hicieran barricadas, que en el caso de la Facultad de Derecho de la Universidad de Barcelona afectaban, sobre todo, a la Diagonal, con el consiguiente malestar de los usuarios de esa importante vía. El Gobierno pensó que, si se descongestionaba la población estudiantil creando Universidades alejadas de Madrid y Barcelona, los problemas de orden público serían más manejables. Además, el Gobierno previó que las nuevas Universidades, al estar en el campo y con menor control gubernativo, atraerían a los profesores y estudiantes más activos políticamente. Esta previsión se cumplió en gran medida. La Autónoma de Barcelona ha mantenido la fama de Universidad vanguardista en cuanto a actitudes políticas y en comportamientos sociales.

La Universidad Autónoma de Barcelona se asentó en Bellaterra, que es una pedanía del Ayuntamiento de Cerdanyola del Vallès. Los edificios universitarios se construyeron a lo largo de un valle que hay en ese lugar y sobre las colinas que bordean el valle. En la colina ubicada en un extremo del valle se edificó el Rectorado, mientras que las Facultades se erigieron en los dos bordes del valle. Lo que era un valle agreste se ha convertido con el paso del tiempo en un hermoso campus, uno de los más bonitos de todos los campus universitarios españoles, creo yo.

En la época en que comencé mis estudios, y durante muchos años después, el tren no llegaba al campus. Se podía acceder al campus en coche particular. La opción alternativa era acercarse a las proximidades en el tren de la Renfe o en el tren de los Ferrocarriles de Cataluña. En el primer caso se bajaba del tren en la estación de Cerdanyola del Vallès, y se podía tomar un autobús que iba a la Universidad. La otra solución era bajarse del tren de los Ferrocarriles de Cataluña en la estación de Bellaterra, y tomar ahí un autobús que llevaba a la Universidad. Como la distancia entre la estación de Bellaterra y la Universidad era menor que la que separaba Cerdanyola de la Universidad, muchos profesores y estudiantes se bajaban del tren en la estación de Bellaterra y después seguían a pie hasta la Universidad por un camino que discurría entre un bosque y que los estudiantes bautizaron como la ruta Ho Chi Minh, en honor al líder vietnamita de este nombre. Hay que tener en cuenta que en aquellos primeros años de la Autónoma de Barcelona estaba en pleno auge la guerra de Vietnam y Ho Chi Minh falleció en 1969.

Los edificios de la Autónoma, incluido el de la Facultad de Derecho, eran estructuras de hormigón de lo que en aquel tiempo se llamaba arquitectura funcional. Sorprendía que, siendo edificios abiertos por sus cuatro costados, albergaran tan escasa luz solar en sus estancias. Las clases del primer curso de Derecho empezaron a comienzos del mes de octubre. Cuando sólo llevábamos unas pocas semanas de actividad académica, murió el dictador. Las clases se suspendieron por unos días. El resto de ese curso y los siguientes, hasta la aprobación de la Constitución en 1978, estuvieron dominados por una agitación política intensa: constantes manifestaciones, carreras ante la policía, huelgas. Echo la mirada atrás y me asombra que, en medio de aquella barahúnda, fuéramos capaces de estudiar, examinarnos y mantener una extraordinaria actividad cultural: conferencias, seminarios, proyección de películas, y así sucesivamente. Por mi parte, sin dejar de participar en aquellas iniciativas políticas y culturales, creí obligado dedicar la mayor parte del tiempo y de mis esfuerzos a estudiar. Tenía claro que éste era mi deber principal. Se lo debía a mi familia, que estaba haciendo un extraordinario esfuerzo económico para permitirme estudiar. Y se lo debía a la sociedad, que me ayudaba con una beca a seguir los estudios. Una beca modesta y que siempre se cobraba con enorme retraso, pero auxilio apreciable, al fin y al cabo. Esto no significa, como ya he dicho, que me pasara todo el día estudiando. Antes al contrario, sacaba tiempo para intervenir en las actividades culturales y políticas que he mencionado.

Desde el punto de vista político, se distinguían en la Facultad tres grandes grupos de estudiantes: 1) los que podríamos llamar conservadores, muy variopintos entre sí porque iban desde la ideología democratacristiana hasta los que propugnaban posturas netamente ultraderechistas; 2) los partidarios de ideologías de izquierda, que también eran muy heterogéneos, porque se movían desde posiciones socialistas hasta los afiliados y simpatizantes del PSUC, el partido comunista catalán equivalente al PCE, y se extendían a los numerosos partidos y grupúsculos situados a la izquierda del PCE y del PSUC; 3) y los diversos grupos englobados en el nacionalismo catalán. En su inmensa mayoría, los estudiantes de Derecho estábamos ilusionados con el cambio político, que se veía entonces como algo difícil, pero inevitable e inminente. En general, los alumnos de Derecho pensaban que podían ganarse la vida desempeñando una profesión jurídica, normalmente la abogacía. Pero no faltó un pequeño grupo que se inclinaba por hacer oposiciones. Algunas relativamente fáciles, como las de secretario de ayuntamiento, y otras muy difíciles: Abogacía del Estado, Notarios, Jueces, etc. Se abría entonces la posibilidad de acceder también a un trabajo en algún organismo autonómico. Esta vía fue seguida por varios compañeros, incluido uno que ha ejercido de Letrado del Parlamento catalán.

Por mi parte, he mantenido buenas relaciones con todos los compañeros de curso, aunque los vínculos de amistad en sentido estricto se redujeron a

algunos compañeros: Manolo Férez, que se ha dedicado al Derecho Administrativo, ejerciendo como profesor de esta materia en la Universidad Ramon Llull; Jordi Anter, que comenzó ejerciendo la abogacía y pasó después
a trabajar como funcionario de la Generalitat; y Manolo Hernández, que
falleció el año pasado a causa de un infarto de miocardio. Manolo ya ejercía como pasante de un abogado durante la carrera. Después abrió un
despacho propio, que tuvo mucho éxito. Y fue Decano del Colegio de Abogados de Sabadell durante dos periodos distintos.

E.F. Has dicho que UAB ha mantenido la fama de Universidad vanguardista
en cuanto a actitudes políticas y comportamientos sociales. Yo diría que,
efectivamente, existe una especie de estigma fundacional que ha marcado
a nuestra Universidad hasta nuestros días. Ello se percibe en el funcionamiento y la actividad de la Universidad, fuertemente ideologizada hacia
posiciones digamos «proges». ¿Por qué crees que se ha mantenido ese espíritu tras más de cuarenta años? ¿Por qué la UAB tiene esa fama de Universidad que atrae e los estudiantes «revolucionarios»? ¿Tiene algo que ver
con su ubicación o con la extracción social de nuestros estudiantes?

M.C. Confluyen diversos motivos que dotan a la UAB de este perfil «progre». Ante todo, los orígenes fundacionales. Es una Universidad que se creó
con estudiantes y profesores jóvenes que destacaban por su activismo político antifranquista. Al mismo tiempo, influyó la ubicación geográfica de la
UAB, situada en una comarca de fuerte implantación obrera, el Vallès Occidental. Y, por otra parte, el difícil acceso a la UAB en su periodo inicial dis-
minuía el riesgo de tener un encontronazo con la policía.

E.F. Tu empezaste los estudios en una Facultad que tenía muy pocos años
de vida pues fue fundada en 1971, en el tardofranquismo, con escasos
medios, y profesores venidos de otras Facultades de Derecho de Cataluña y
España. ¿Cómo era la Facultad de Derecho cuando empezaste la carrera?

M.C. En efecto, la Facultad fue fundada en 1971. Dado que comencé la
carrera en 1975, la mía era la quinta promoción. Aún recuerdo nuestra llegada matinal a la Facultad. En el valle en que se asienta la Autónoma se
formaban densas capas de niebla y humedad. Una larga hilera de los profesores y los estudiantes que veníamos por la estación de Bellaterra avan-
zábamos a primera hora de la mañana por la ruta Ho Chi Minh. Al cabo de
un rato, atisbábamos el perfil del edificio de la Facultad, que, en las mañanas otoñales e invernales, aparecía rodeado por una bruma impenetrable.
Entrábamos somnolientos en unas aulas gélidas, hasta el punto de que

hubo muchas mañanas en las que no nos podíamos desprender del abrigo o tabardo hasta la finalización de las clases. La verdad es que, en esos primeros años de la Autónoma, esta Universidad era sumamente menesterosa. La biblioteca de Derecho y, en general, las bibliotecas de la Universidad eran escuálidas. El mobiliario también adolecía de graves carencias. Por suerte, estas deficiencias se compensaban sobradamente con el entusiasmo de la mayor parte de los profesores, que, salvo excepciones, eran muy jóvenes. En los primeros años de vida de la Autónoma, sólo había tres catedráticos en la Facultad de Derecho. Pero en pocos años el número aumentó considerablemente, gracias a la promoción de algunos de aquellos profesores jóvenes, junto a la llegada a la Autónoma de catedráticos de otras Universidades.

La biblioteca de la Facultad fue mejorando extraordinariamente, hasta convertirse en una magnífica Biblioteca universitaria. Y también mejoró el acceso al campus universitario desde mediados de los años ochenta del siglo pasado, con la inauguración de una estación de los Ferrocarriles de Cataluña dentro del campus.

En aquella época en la Facultad de Derecho de la Autónoma sólo había un grupo por cada curso con unos 50 alumnos, por lo que los profesores nos conocían a todos perfectamente. La docencia se impartía durante las mañanas, si bien pocos años después se creó otro grupo de tarde. El grupo más numeroso de alumnos procedía del Vallès Occidental: Sabadell, Terrassa, Rubí, Sant Cugat y otros pueblos de esta comarca. El segundo grupo de estudiantes estaba formado por los que residían en Barcelona capital. Había también otro colectivo de Manresa y poblaciones limítrofes. Los restantes alumnos tenían diversos orígenes, que incluían Cataluña y el resto de España. Por entonces no se habían creado aún las Universidades de Girona y de las Islas Baleares. En estos dos puntos había otros tantos Colegios universitarios dependientes de la Autónoma. Por ello, no es de extrañar que hubiera varios alumnos que, después de estudiar en aquellos Colegios, prosiguieran sus estudios en la Autónoma. Las clases de primero de Derecho se impartían en el Aula Kelsen, la más amplia de la Facultad. Progresivamente iba disminuyendo el tamaño del aula asignado a cada grupo a medida que avanzaba el número del curso.

E.F. ¿Cómo recuerdas la vida de la Facultad en esa época? ¿Había mucha actividad académica? ¿Y política? Siempre hemos dicho que nuestra Facultad estaba condicionada por su ubicación lejos de Barcelona —hoy irrelevante— y que ello ha influido negativamente en su funcionamiento hasta hoy.

M.C. La actividad cultural complementaria de la enseñanza oficial era muy abundante: seminarios, conferencias, charlas, etc. Esto se debía a la presencia de profesores con muchas inquietudes culturales. Recuerdo, por ejemplo, a los catedráticos Alejandro Nieto y Joaquín Cerdá debatiendo sobre el pensamiento de Savigny, o al propio Nieto impartiendo una conferencia, en la abarrotada aula de mayor cabida de la Facultad, sobre el sistema de fuentes de la vigente Constitución pocos días después de ser aprobada.

El activismo político también era intenso, sobre todo el procedente de grupos y grupúsculos situados a la izquierda del PSUC. Cuando hablaba de temas políticos con compañeros de estos partidos políticos, me causaba mucha gracia que me consideraran prácticamente un burgués por el simple hecho de ser un templado socialdemócrata. Pero mientras ellos se dedicaban al activismo político, normalmente con poco provecho académico, yo estudiaba y me ganaba la vida dando clases particulares a niños del barrio de Nuri. De hecho, impartía las clases en el piso de los padres de Nuri. Con el poco dinero que obtenía ayudaba a aliviar la carga económica de mis padres, que, a pesar de la beca de la que disfrutaba, seguía siendo bastante pesada para sus posibilidades.

También resaltaba la labor de proselitismo político desarrollada por algunos profesores de izquierdas, con Juan Ramón Capella a la cabeza. Esta faceta era muy atractiva para los alumnos en general porque solía ir acompañada de actividades culturales, como impartición de charlas o proyección de películas. Recuerdo haber visto en la UAB buena parte de las grandes películas de los cineastas soviéticos clásicos. La proyección de estas películas iba seguida por amplios comentarios de Capella políticamente orientados, pero uno podía hacer caso o no de lo que decía el profesor.

Otro aspecto que llamaba mucho la atención era la liberalización de las relaciones sexuales entre los estudiantes. Cuando venía un profesor de otra Universidad española para dar una conferencia o participar en un seminario, se quedaba asombradísimo de estas manifestaciones que se desarrollaban en el campus, a la vista de todos, como si estuviéramos en un campus universitario de California.

Como dices, el aislamiento de la UAB en aquellos tiempos tenía también aspectos negativos. Por ejemplo, hacía que los alumnos de Barcelona optaran, en su mayoría, por estudiar en la Universidad Central.

E.F. En la época en que cursamos nuestros estudios universitarios —hoy, lamentablemente no— los estudiantes manteníamos una relación de respeto y a menudo de admiración hacia los profesores de la carrera, a los que se recordaba (para bien o para mal) el resto de la vida, y de los que se hablaba con los de tu promoción ya pasados los años. ¿Cómo recuerdas a tus profesores de la carrera? ¿Quiénes te impresionaron más? ¿Quiénes te influyeron más en tu formación jurídica, o en general, en tu formación intelectual?

M.C. Tienes razón: a los profesores que tuve en la carrera los recuerdo como si fuera ayer, a todos ellos. Y por todos teníamos un respeto inmenso, que en algunos casos iba acompañado de admiración. Debo decir que, en cada curso de la carrera, tuve, como mínimo, un profesor excelente, e incluso en algunos cursos disfruté excepcionalmente de dos profesores de máxima valía.

En primer curso teníamos las cuatro asignaturas mencionadas, que, como todas las demás de la carrera, eran anuales: Historia del Derecho español, Derecho Romano, Derecho Natural y Derecho Político. La enseñanza de la Historia del Derecho corría a cargo del catedrático de la materia Joaquín Cerdá Ruiz-Funes, que era sobrino del penalista y destacado político republicano Mariano Ruiz Funes, fallecido en el exilio después de la guerra civil. Cerdá, que era Decano de la Facultad en aquel tiempo, había luchado en las filas del ejército republicano en la decisiva batalla del Ebro. Cayó prisionero de los franquistas y fue recluido en un campo de concentración, del que su padre, rico comerciante murciano, logró liberarlo. Cerdá era un profesor a la vieja usanza. Se pasaba la hora de clase repitiendo monótonamente los mismos viejos apuntes. Ciertamente, al tratarse de una asignatura de carácter histórico, se prestaba a esta falta de renovación de sus contenidos. Pero las explicaciones se centraban en el Derecho medieval y no llegaban ni siquiera al siglo XIX, con lo que no se nos enseñaba nada del periodo histórico que más interés podía tener para nosotros, o sea, el periodo que había alumbrado el Derecho vigente. Estas deficiencias de la labor docente de Cerdá son del todo ajenas a la magnífica calidad humana de este catedrático, que era un hombre cordial y siempre cercano a los alumnos, aunque con una preferencia poco disimulada por los estudiantes más activos políticamente. Debo añadir que las clases prácticas de la asignatura eran impartidas por dos colaboradores de Cerdá, con dotes pedagógicas similares a las de su maestro: Sebastià Solé Cot y José Sarrión Gualda. Pero una vez más cabe dejar a salvo la indudable calidad humana de estos dos esforzados profesores.

El profesor de Derecho Romano era un encargado de curso, Ginesta, que aún no había obtenido el doctorado. Sus capacidades docentes dejaban mucho que desear. Las explicaciones eran tan aburridas como las de Cerdá en Historia, pero con una circunstancia agravante: Ginesta se pasaba la clase leyendo el manual que recomendaba, cuyo autor era el catedrático de Derecho Romano Juan Iglesias. Por ello, nos dedicábamos a ir subrayando los pasajes que Ginesta leía. La parte del Derecho Romano atinente a las sucesiones era impartida por otro profesor: Ricardo Panero. Sus clases eran bastante ágiles y amenas. Lástima que las lecciones dedicadas a la materia que explicaba sólo ocupaban una minúscula porción del curso.

El profesor de Derecho Natural, Vladimiro Lamsdorff-Galagane Brown, era uno de los personajes más raros de la Facultad. Por entonces era profesor agregado. Años después sería nombrado catedrático. Su perfil biográfico era peculiar. Su padre era un príncipe ruso, que había desempeñado importantes cargos durante el zarismo, incluido el de ministro de Hacienda. Tras la Revolución bolchevique de 1917, el padre de Vladimiro luchó en el ejército blanco en la guerra civil rusa. Una vez producido el triunfo del ejército rojo, la familia huyó, instalándose en París, donde nació Vladimiro en 1938. Una vez derrotados los nazis, la familia Lamsdorff pidió asilo en la España franquista, siéndole concedido. El padre de Lamsdorff se enroló como oficial en el ejército español. Vladimiro estudió e hizo carrera universitaria en España. La ideología política de Lamsdorff era extremadamente ultraderechista. Años después, asumió, además, unas ideas económicas exageradamente liberales. Lamsdorff tuvo numerosos conflictos y choques con los profesores que mandaban en la Facultad, entre los que predominaban los marxistas en sus diversas versiones. Con el fin de desprestigiar a la Facultad y, mediante ella, al régimen democrático que a duras penas se iba asentando en España, Lamsdorff tuvo la ocurrencia de dar aprobado general, sin perjuicio de que los alumnos que pretendieran obtener una nota superior pudieran hacer los correspondientes exámenes. Por esta causa, le abrieron un expediente disciplinario, que acabó con una sanción de varios meses de suspensión de empleo y sueldo.

Lamdsdorff también tuvo enfrentamientos con los estudiantes comunistas, que eran los más activos políticamente. En cierta ocasión los pasillos de la Facultad aparecieron pintados con insultos y amenazas a Vladimiro, de las que la menos grave era la que le deseaba acabar en un campo de concentración de Siberia. Lamsdorff revisó la traducción al castellano de una parte de la célebre obra *Archipiélago Gulag* de Solzhenitsyn, con el que mantenía estrechos vínculos de amistad. Aunque las posiciones políticas de Lamsdorff estaban en las antípodas respecto de las mías, hablé mucho con él. En la distancia corta era sumamente afable. Lo que me interesaban eran sus ajetreados avatares biográficos y lo que, desde su personal punto de vista, me contaba de la URSS. Debo decir que él fue la primera persona que me anunció reiteradamente, ya desde la segunda mitad de los años setenta del pasado siglo, la caída inminente del régimen comunista, que en los medios de comunicación occidentales aún se veía como algo granítico. Y es que Lamsdorff tenía contactos directos en la URSS. Vladimiro hacía hincapié en el desastre en que había desembocado el sistema económico centralizado. El plan fijaba unos objetivos pocos realistas, y, al no cumplirse, los gestores inflaban artificiosamente los resultados, para evitar sanciones. Al final, el plan económico se convertía en una farsa. Podía ocurrir que, según la contabilidad, se hubieran producido tantos millones de un utensilio doméstico, por ejemplo, cepillos dentales. Pero a la hora de la verdad el mercado estaba desabastecido de cepillos, porque sencillamente no se habían producido ni de lejos las cifras que reflejaba la contabilidad. El recuerdo más emotivo que conservo de la asignatura de Lamsdorff se refiere a un episodio que sucedió a mitad del curso. A petición de los estudiantes, Lamsdorff aceptó hacer un examen parcial escrito. Unos días después Lamsdorff leyó en clase las notas. La mía, un 9.5, era la mejor, por lo que los compañeros estaban intrigados en saber quién era aquel empollón. Desde entonces, ya no pude permanecer en un plano discreto, o si se prefiere, adquirí una popularidad que yo no había buscado.

Mi profesor de Derecho Político I fue Isidre Molas, que por entonces era profesor adjunto. Algunos años después accedió a la condición de catedrático. Molas fue el mejor profesor del primer curso y uno de los mejores de toda la carrera. Con la distorsión cronológica provocada por el paso de los años, me doy cuenta de que Molas era un joven profesor, pero en aquel tiempo nos parecía un señor ya maduro, cuando sólo tenía poco más de treinta años. Con rigurosa puntualidad, accedía al aula pertrechado con sus notas y su pipa, que encendía antes de dar comienzo a la clase. Téngase en cuenta que en aquellos años aún se podía fumar en clase, y tanto los profesores como los alumnos que éramos fumadores hacíamos amplio uso de esa permisión. Vestía con vaquero y jersey. Molas preparaba sus clases con exhaustividad y minuciosidad. Sus explicaciones eran claras y sistemáticas. Dada la falta de Constitución, Molas dedicaba el curso a hacer una brillante exposición de la historia de las ideas políticas. De esta forma el curso de Molas se convirtió en mi primer contacto serio con los grandes pensadores políticos. Su intensa militancia socialista lo convertía en objetivo importante para la policía política franquista. Una muestra de ese seguimiento lo tuvimos un día en clase. En la última fila estaba sentado aquel día un individuo desconocido para todos nosotros, que ostensiblemente no atendía a las explicaciones de Molas, sino que se dedicaba a pasar las páginas del periódico que llevaba. Molas le pidió que dejara de leer el periódico o se fuera de clase. Él se mantuvo en el aula, aunque ya no volvió a aparecer durante el resto del curso. Era la primera corroboración de lo que ya sabíamos: la asidua presencia policial en las aulas.

Cabe tener en cuenta que Molas ya había estado en la cárcel por sus actividades antifranquistas en su época de estudiante de Derecho de la Universidad de Barcelona, cuando apenas había cumplido los veinte años. A partir de entonces estuvo permanentemente en la lista de los controlados por la policía política de la dictadura. Andando el tiempo, tuve una estrecha relación personal con Isidre en la Facultad, y me influyó en muchos aspectos. Era un académico ejemplar. Contribuyó a la maduración de mi ideario político. Pero también al conocimiento más profundo de la historia y la realidad catalanas. Molas no pudo impartir clase algunos días del curso, por estar haciendo oposiciones a cátedra en Madrid. Fue sustituido por Jesús Rodés y Alfonso de Alfonso Bozzo. El nivel de las explicaciones bajó bastante en comparación con las clases de Molas. Las clases prácticas de la asignatura estuvieron a cargo de Joan Botella, joven profesor que enseñaba con una claridad magnífica. Aunque se le veía que aún estaba en fase de formación, ya destacaba por sus dotes pedagógicas.

E.F. Debo decir que tu popularidad y tu buena fama de estudiante empollón ha permanecido hasta hoy, y así lo acreditan los profesores que tuviste ya en primero, de los que tienes un recuerdo tan preciso. Seguro que recuerdas a otros profesores de la carrera.

M.C. En efecto, el segundo curso comprendía cinco asignaturas: Derecho Político II, Derecho Penal I, Derecho Civil I, Derecho Canónico y Economía Política. El profesor de Derecho Político II fue Manuel Gerpe, que entonces era PNN (profesor no numerario), concretamente profesor adjunto interino. Al igual que Molas y los restantes profesores de Político, Gerpe era discípulo de Manuel Jiménez de Parga, catedrático de la disciplina en la Universidad de Barcelona. Gerpe era un profesor magnífico y muy cercano a los estudiantes, a lo que ayudaba su juventud. Acudía a clase luciendo una magnífica melena ensortijada, y ataviado con pantalón vaquero, americana de pana y camisa de cuadros, en clara sintonía con la moda vigente entonces. Preparaba a fondo sus clases, que se desarrollaban con fluidez. Exponía sus explicaciones con estilo pausado y un espléndido tono de voz.

Pocos años después Gerpe y yo iniciaríamos una entrañable amistad, que sobrevive lozana cuando escribo estas líneas.

El Derecho Penal I, asignatura en la que se exponía la parte general de la materia penal, estaba a cargo de Santiago Mir Puig, que era profesor agregado numerario, y poco tiempo después accedería a la condición de catedrático. A pesar de su juventud, Mir ya destacaba como uno de los penalistas españoles más brillantes y originales, lo que el tiempo corroboró con creces. En aquellos años estaba construyendo su sistema dogmático de Derecho Penal, que cristalizaría en el insuperable tratado de Derecho Penal. Preparaba sus clases con meticulosidad y explicaba con rigor germánico. Además de su maestro español, Joan Córdoba Roda, había influido en su formación el extraordinario penalista alemán Claus Roxin. Mir me dio un sobresaliente en su asignatura. Después, en el verano, me convocó mediante telegrama dirigido a mi aldea para presentarme al examen de matrícula de honor a principios de septiembre. Pero, con dolor de corazón, no pude acudir porque estaba en la aldea ayudando a mis padres y nos encontrábamos en lo más álgido de la recolección. Cuando tenía poco más de sesenta años, Mir contrajo una grave enfermedad, que, entre otros efectos demoledores, le privó del funcionamiento de sus riñones, por los que tuvo que someterse a diálisis el resto de su vida. Afrontó la enfermedad con una entereza y presencia de ánimo ejemplares, falleciendo en marzo de 2020, con setenta y dos años. Su esposa, Francesca Puigpelat, catedrática jubilada de Filosofía del Derecho y buena amiga, tuvo la generosidad de llamarme enseguida para anunciarme el fallecimiento, cuando estábamos en plena pandemia de Covid, lo que impidió que lo pudiéramos despedir en el tanatorio. Su fallecimiento prematuro me causó una inmensa tristeza.

En cuanto al Derecho Civil I, durante el primer trimestre la docencia corrió a cargo de Xavier Andreu, un abogado que era al mismo tiempo un competente profesor encargado de curso. A partir del segundo trimestre, tuvimos como profesor a Vicente Torralba, que acababa de ganar la cátedra de Derecho Civil de la Autónoma y venía desde la Universidad de Valencia. Torralba era discípulo de uno de los más eminentes civilistas españoles del siglo XX: Luis Díez-Picazo. Torralba recomendaba como libros de texto los manuales de Díez-Picazo, en cuya elaboración también había participado el propio Torralba. A pesar de que aún no había cumplido los cuarenta años, Torralba parecía un señor mayor, a lo que contribuía su pelo totalmente cano y la sobriedad de sus trajes. Torralba conocía bien la materia que enseñaba, pero sus dotes pedagógicas eran limitadas, por lo que las clases resultaban, por lo general, bastante aburridas, en lo que influía mucho el tono invariablemente monocorde de las explicaciones. En el aspecto humano, Torralba era un auténtico señor: amable, respetuoso y comprensivo con los alumnos. Fue el profesor que mayor número de clases nos impartió, y particularmente llegué a tener una óptima relación personal con él.

El profesor de Derecho Canónico fue Víctor Reina, catedrático de la disciplina y en aquel tiempo Decano de la Facultad. A diferencia de las clases de Torralba, las de Reina eran sumamente amenas. Reina apenas las preparaba, pero, a cambio, se dedicaba a contarnos casos y anécdotas que le habían ocurrido en su actividad de abogado, profesión que ejercía simultáneamente con la docencia. Dado que destinaba todo el curso al tema del consentimiento matrimonial, materia sobre la que tenía publicado un librito que aconsejaba como libro de texto, los casos que contaba se referían a este ámbito. Como abogado, Reina llegó a alcanzar un gran prestigio. Su especialidad eran los procesos canónicos de nulidad matrimonial, que en aquel tiempo tenían una importancia capital en España, por la doble circunstancia de que aún no había divorcio civil y, en su inmensa mayoría, los matrimonios contraídos eran canónicos. Reina era un abogado caro. Las excelentes relaciones que tenía en los tribunales canónicos de Estados Unidos, más propensos que los españoles a declarar la nulidad del matrimonio, le permitían llevar muchos casos a aquellos tribunales norteamericanos. Se decía entonces que Reina tenía fijados en un millón de pesetas sus honorarios por cada proceso de nulidad matrimonial.

Para los estudiantes era divertido ver cómo Reina se esforzaba en hacer compatible su papel de profesor «progre» con el de abogado de élite. Muchos días llegaba ataviado con pantalón vaquero y cazadora de pana, pero, al final de la mañana, salía de la Facultad vestido con un traje deslumbrante y llevando un maletín de cuero. Sabíamos que se disponía a ir al aeropuerto del Prat, para tomar un avión a Nueva York, donde le esperaba la vista de algún proceso de nulidad matrimonial. Reina era una persona sumamente inteligente, lo que iba acompañado de un excelente don de gentes. En su juventud se ordenó como sacerdote e ingresó en el Opus Dei. Josemaría Escrivá, fundador y máximo dirigente del Opus, le confirió importantes cargos en la Universidad de Navarra. Además, fue confesor de destacados personajes del régimen franquista y del mundo económico. Pero, cuando había alcanzado unas inmejorables expectativas de futuro dentro del Opus, Reina sufrió una fuerte crisis espiritual, lo que, con gran disgusto de Escrivá, le hizo abandonar el Opus y el sacerdocio, contrayendo matrimonio. Cuando aún no había llegado a la edad de jubilación, Reina padeció un agresivo ictus, que le privó del habla, falleciendo en 2017 con 85 años de edad.

La Economía Política era enseñada por un PNN de ideología anarquista, Robert Tomàs, que intentaba, con más esfuerzo que éxito, explicarnos los rudimentos de esa materia no jurídica.

E.F. Podemos seguir con los otros cursos de la carrera

M.C. En el curso tercero teníamos cinco asignaturas. Dos de ellas eran continuación de otras cursadas en segundo: Derecho Civil II y Derecho Penal II. Las tres restantes eran nuevas: Derecho Administrativo I, Derecho Internacional Público y Hacienda Pública.

Nuestro profesor de Derecho Civil II siguió siendo Vicente Torralba. La asignatura de Derecho Penal II estaba destinada a la enseñanza de la parte especial del Derecho Penal, o sea, al estudio de los concretos delitos. El profesor de la asignatura fue Josep Joan Queralt, que por entonces era un PNN. Aún no había leído su tesis doctoral. Queralt, que era discípulo de Mir Puig, se esforzaba por hacer una docencia interactiva, en diálogo con los alumnos. Pero el resultado era un tanto caótico, porque Queralt soportaba mal las objeciones y las opiniones adversas, y, por otra parte, estaba en fase de formación, lo que se notaba bastante. El examen final era un test, pero se nos dio la opción de hacer el examen de forma oral ante un tribunal presidido por Mir Puig. Yo escogí esta modalidad. Fui el único que lo hizo.

En Derecho Administrativo I nos cupo la suerte de tener como profesor a uno de los máximos juristas españoles del siglo XX y primeras décadas del siglo XXI, a un verdadero maestro: Alejando Nieto. Ya su aspecto físico era imponente: pelo ralo, barba tupida que comenzaba a ser canosa, mirada vivaz que a veces daba la impresión de traspasar al interlocutor a través de los gruesos cristales de sus gafas. El parecido con don Miguel de Unamuno era evidente. Nieto venía de la Universidad de La Laguna, y nos propuso seguir el método docente que había utilizado en aquella Universidad, basado en la lectura previa por parte de los estudiantes del tema que tocara cada día a través del manual de García de Enterría, dedicando la clase a plantear preguntas y dudas al profesor. Pero la mayoría de alumnos impuso su criterio contrario a esta propuesta, por lo que Nieto se vio en la necesidad de explicar la materia al modo tradicional. Pero sus clases era auténticas lecciones magistrales.

Personalmente, tuve una excelente relación con Nieto con algún episodio algo difícil, como el que cuento a continuación. Nieto tenía la costumbre de venir a clase a pie desde Sant Cugat, que era donde vivía. Un día, en plena ruta Ho Chi Minh, cayó una tormenta, que empapó completamente a Nieto, quien, a pesar de todo, continuó su camino hasta el aula. Al llegar a clase, los alumnos, como era habitual, seguimos con nuestras conversaciones durante unos segundos. Lo normal era que, al cabo de uno o dos minutos, cesaran los murmullos, y el profesor pudiera iniciar la clase. Pero ese día Nieto se fue del aula, diciendo: como veo que Uds. no quieren hacer clase, me voy. Al día siguiente, antes de empezar la clase, levanté la mano para tomar la palabra, y con buen gesto le vine a decir que la reacción del día anterior nos pareció desmedida. Nieto tuvo la honestidad de reconocerlo así. Nieto y su discípulo Joan Prats me propusieron dirigirme la tesis doctoral en Derecho Administrativo. Se lo agradecí, pero rehusé la propuesta porque la materia no acababa de gustarme.

La enseñanza del Derecho Internacional Público estuvo a cargo de Gregorio Garzón, que entonces era profesor adjunto numerario. Posteriormente, accedería a la cátedra y sería uno de los primeros altos funcionarios de España en las instituciones europeas. Garzón era un profesor meticuloso, que preparaba a conciencia sus clases. Todavía ahora sigue acudiendo a la Facultad con el aspecto que ya tenía en aquel tiempo: solemne, un poco, pero extremadamente cordial. Garzón tuvo la idea brillante de organizar seminarios como actividad complementaria de las clases teóricas que él explicaba. Los seminarios estaban a cargo de profesores jóvenes, excepto uno de ellos, que era impartido por Miguel Ángel Marín Luna, que tenía 76 años y hacía poco que había regresado a España desde el exilio. Yo escogí este seminario. Marín Luna había sido un alto funcionario de la ONU durante muchos años, e intervino en los procesos de descolonización de Pakistán y Ruanda y Burundi. Durante la guerra civil Marín Luna fue presidente de la Federación de Estudiantes de Cataluña y Baleares, y consiguió salvar a su maestro Blas Pérez González, catedrático de Derecho Civil de la Universidad de Barcelona. Blas Pérez había actuado como juez instructor militar en los procesos abiertos a raíz de la declaración de independencia de Companys, y, tras el golpe de Estado de 1936, fue detenido y recluido en una checa. Una vez fue liberado, huyó a Francia, incorporándose a la zona franquista. Franco lo nombró Ministro de la Gobernación, ocupando muchos años este cargo durante la época más dura de la postguerra. Blas Pérez ofreció a su discípulo la posibilidad de volver a España desde el exilio sin represalias, pero Marín Luna declinó esta oferta.

La asignatura de Hacienda Pública era impartida por el catedrático Carlos Calleja, que venía de la Universidad de Murcia y era un profesor correcto.

El cuarto curso, que era el más difícil de la carrera, comprendía seis asignaturas: Derecho Civil III, Derecho Administrativo II, Derecho Financiero, Derecho del Trabajo, Derecho Mercantil I y Derecho Procesal I. Por tanto, cuatro de estas asignaturas se referían a materias nuevas respecto de las estudiadas en cursos anteriores.

El Derecho Civil III, dedicado al estudio de los derechos reales, fue explicado por Torralba, como en los cursos precedentes de Civil.

La docencia de Derecho Administrativo II estuvo a cargo de Joan Prats, un valenciano discípulo de Nieto, también muy inteligente, aunque por entonces era PNN. La mayor parte del curso se dedicó al estudio del Derecho Urbanístico, que comenzaba a estar de moda. Prats era un profesor aceptable, aunque dedicaba más esfuerzos a la política que a la universidad. Era un peso pesado del partido socialista, y, pocos años después, tras producirse el triunfo de los socialistas, pasó a desempeñar cargos importantes en la política española. Moriría antes de cumplir los setenta años, tras sufrir un infarto de miocardio cuando hacía el camino de Santiago.

En Derecho Financiero tuvimos como profesor a Calleja, al igual que había ocurrido en Hacienda Pública.

Derecho del Trabajo englobaba el Derecho Laboral propiamente dicho y el Derecho de la Seguridad Social. La parte correspondiente al Derecho Laboral fue impartida por Jesús Salvador, un PNN dirigente de la UGT. Sus dotes docentes eran harto limitadas. Explicaba a tal velocidad que resultaba muy difícil seguirle. La parte relativa a la Seguridad Social corría a cargo de Jordi Agustí, un abogado que era encargado de curso, y que posteriormente ingresó en la judicatura, llegando a ser magistrado del Tribunal Supremo. Agustí era un profesor aplicado, que basaba su enseñanza en casos prácticos.

En Derecho Mercantil I tuvimos mala suerte. El primer trimestre la asignatura fue explicada por José Manuel Calavia, un competente abogado que era discípulo de Rafael Jiménez de Parga. Pero, después de Navidades, Jiménez de Parga y sus colaboradores se trasladaron a la Universidad de Barcelona. La docencia de la asignatura pasó a estar a cargo de Sebastián Moll de Miguel, un PNN mediocre, que dedicó todo el resto del curso a explicar un tema concreto: los títulos valores. El problema es que anunció que el examen, que sería oral, incluiría todo el programa. Algunos alumnos, encabezados por mí, suscribimos un manifiesto de protesta. A Moll lo ayudaba Felio Vilarrubias, otro PNN cuya capacidad docente era bastante modesta, aunque en el trato personal Felio era una persona agradabilísima.

El catedrático Francisco Ramos Méndez fue mi profesor de Derecho Procesal I. Por ahora, basta decir que el profesor Ramos es mi maestro y ha sido la persona que más y mayor influencia ha tenido sobre mi vida académica. Posteriormente, me referiré con más detenimiento a esta cuestión. Por cierto, durante ese curso, concretamente en el mes de diciembre de 1978, se aprobó la todavía vigente Constitución. No es que no diéramos importancia a este hecho, absolutamente trascendental para la transición a la democracia, pero, en general, no pasamos de verlo como una manifestación más del proceso de reforma política que estaba en curso. De todas formas, la promulgación de la Constitución tuvo un efecto balsámico, porque disminuyeron drásticamente las huelgas y algaradas que se habían producido en la Universidad los años precedentes.

En quinto curso teníamos cinco asignaturas: Derecho Civil IV, Derecho Mercantil II, Derecho Internacional Privado, Filosofía del Derecho y Derecho Procesal II. En Derecho Civil IV continuó enseñando Torralba la parte relativa al Derecho de Familia. La otra parte de la asignatura, la concerniente al Derecho de Sucesiones, estuvo a cargo de Lluís Puig Ferriol, que explicó a lo largo del curso el Derecho Sucesorio catalán. Puig Ferriol era uno de los más eminentes expertos en Derecho Civil catalán. Sus explicaciones eran claras y ordenadas.

La docencia del Derecho Mercantil II correspondió a Moll y Vilarrubias, que persistieron en la tónica que habían mostrado en Derecho Mercantil I.

La profesora de Derecho Internacional Privado fue Blanca Vila Costa, que entonces era una joven docente PNN en proceso de formación. Se empleaba con mucha profesionalidad y preparaba las clases minuciosamente, pero sus explicaciones adolecían de cierta oscuridad muchos días. En las relaciones personales era afectuosa y muy accesible. Una bonísima persona.

De la enseñanza de la Filosofía del Derecho se ocupó Rafael Hernández Marín, que había aprobado recientemente las oposiciones a profesor adjunto. Rafael (Rafa) es una de las personas más inteligentes que he conocido en mi vida. Explicaba lógica y una completísima historia de la filosofía jurídica. Trabamos una buena amistad.

El profesor de Derecho Procesal II fue Miguel Ángel Fernández López, que acababa de aprobar las oposiciones de profesor agregado, y años después pasaría a llamarse Miguel Ángel Fernández-Ballesteros López. Miguel Ángel era un profesor jovencísimo y brillante, aunque pecaba de excesiva vanidad. Sus relaciones con mi maestro, Ramos Méndez, eran muy conflictivas, aunque el trato conmigo fue siempre excelente. En junio de 1979 Miguel Ángel había obtenido una plaza de profesor agregado que no era la que estaba vacante en la Universidad Autónoma de Barcelona. En esas oposiciones Ramos, que formaba parte del tribunal, había votado en contra de Miguel Ángel. Después de las oposiciones, Miguel Ángel consiguió, a espaldas de Ramos, que el Rectorado le concediera una comisión de servicio para dar clases en la Autónoma durante el curso 1979-1980. Ramos tuvo conocimiento de esta comisión *a posteriori*. Y desde el inicio del curso la ruptura entre ambos fue total, hasta el punto de que las comunicaciones entre ellos se llevaban a cabo por escrito a través de la secretaría de la Facultad. Buena parte del curso lo dedicó Migue Ángel a explicar ejecución procesal civil, materia de la que ya era uno de los máximos expertos en España. Y precisamente esta materia sería mi principal línea de investigación. Miguel Ángel me invitó en varias ocasiones a hacer la tesis con él, prometiéndome que en pocos años sería catedrático. Incluso durante el examen final, que era escrito, estuvo casi todo el tiempo a mi lado, insistiéndome en que me fuera con él. Siempre le dije que no podía ser, porque ya me había comprometido con Ramos, con el que seguía colaborando. Vuelvo a invocar aquí el valor de la lealtad en las relaciones personales. Miguel Ángel ha fallecido recientemente de forma prematura.

Terminé la carrera con 3 notables, 5 sobresaliente y 17 matrículas de honor.

E.F. Tú decidiste primero que cursarías la carrera de Derecho, y después que te dedicarías a estudiar Derecho, es decir, a seguir la carrera académica en el ámbito jurídico lo cual supone que en algún momento decidiste que querías ser profesor de Derecho. ¿Por qué tomaste esa decisión? ¿Qué es lo que más pesó en optar por la enseñanza y la investigación del Derecho y no su ejercicio profesional?. ¿Hubo personas que influyeron —o fueron claves— en tal decisión? Hoy, cuando has ya culminado tu carrera académica, ¿crees que fue un acierto?. Si no hubieras seguido este camino, ¿cuál hubiera sido la alternativa?

M.C. Tal y como te he dicho, la persona que más influyó en mi decisión de estudiar Derecho, y, más exactamente, Derecho Procesal fue mi profesor de Derecho Procesal I, Francisco Ramos Méndez, que, al poco, se convertiría en mi maestro. Cuando hablemos del Derecho Procesal explicaré las vicisitudes que se dieron en los primeros pasos de mi carrera académica, no exenta de dificultades. Pero, a pesar de estas dificultades, seguí firme en la idea de dedicarme al estudio, docencia e investigación en el ámbito de la ciencia jurídica. Hago mías las palabras que Jaime Guasp, uno de los más eminentes y originales procesalistas españoles del siglo pasado, pronunció en una entrevista que le hicieron en 1977, al final de su carrera académica. Después de nombrar a los mejores profesores que había tenido en la Universidad Complutense, Guasp dijo: «Al calor de sus enseñanzas formé el propósito de intentar ser uno de ellos, de adoptarlos como modelos inmarcesibles y de convertir mi vida profesional en un perpetuo y delicioso paseo por el jardín encantado de la ciencia que tanto me atraía».

Me preguntas si fue un acierto dedicarme a los estudios jurídicos. Si uno no siente un irreprimible afán de riqueza, no veo que otra profesión jurídica pueda superar a la de profesor universitario. Una profesión en la que incluso te llegan a pagar por leer lo que te agrada. No sé cuál habría sido la alternativa a este camino. Probablemente me habría dedicado al ejercicio de la abogacía en algún despacho grande o mediano. Era aquélla una buena época para los jóvenes abogados, que habían aprendido en la Facultad las numerosas reformas jurídicas efectuadas esos años al amparo de la Constitución recién aprobada. No obstante, creo que no habría ejercido la abogacía hasta la jubilación. Pienso que mucho antes habría dado el salto a la judicatura por el cuarto turno.

Por lo demás, siempre he procurado mantenerme al corriente de lo que pasa en la práctica procesal. Creo que para un procesalista es importante, porque, de lo contrario, uno se arriesga a exponer en clase construcciones teóricas maravillosas que nada tienen que ver con la realidad. Este aspecto lo he cubierto con la elaboración de dictámenes jurídicos que me han pedido despachos de abogados y que he hecho al amparo del art. 83 de la Ley de Universidades. Pero siempre en medida modesta, sin perder la conciencia de que era una actividad secundaria. Otra vía de contacto con la realidad procesal que aún perdura son mis exalumnos, que siguen haciéndome consultas cuando se enfrentan a algún problema procesal complejo como abogados o como jueces. Esta actividad es extraordinariamente gratificante para mí, porque me permite continuar aprendiendo.

A estos dos cauces de aproximación a la realidad procesal se añaden otros, entre los que guardo un recuerdo especialmente grato del *Observatorio Social y Económico de la Justicia en Cataluña*, constituido en forma de cátedra, que tú y yo codirigimos durante los años en que funcionó. Como recordarás, ese observatorio nos permitió ofrecer datos estadísticos relevantes sobre la administración de justicia en Cataluña, pero también hizo posible que conociéramos en primera persona las tensiones jurídico-políticas que existían entre los diversos operadores con incidencia en ese ámbito, principalmente entre los jueces y la clase política. Recordarás, por ejemplo, cómo, durante un acto de presentación de los datos obtenidos en el observatorio, la intervención de la consejera de justicia de la Generalidad fue seguida del abandono de la sala por parte de los representantes del poder judicial.

E.F. Dice Max Weber, en su célebre conferencia «La ciencia como vocación», que un elemento peculiar de la carrera académica es que en ella la casualidad reina de un modo desacostumbrado, y que no conoce otra carrera en la que el azar juegue un papel semejante. ¿Estarías de acuerdo en esta afirmación? ¿Crees que también en tu carrera académica el azar jugó un papel importante? ¿Podrías explicar los principales momentos de tu carrera académica?

M.C. A mí me parece que el azar rige en todos los ámbitos de la vida, pero estoy de acuerdo en que tiene una influencia decisiva en la carrera académica. La primera condición indispensable para hacer carrera académica es tener un maestro o, al menos, un director de tesis. Y aquí encontramos ya el peso del azar. Para emprender la elaboración de la tesis, se necesita que el doctorando tenga la suerte de encontrar a un profesor que esté dispuesto a dirigirle la tesis o que le ofrezca dirigírsela, y esto no siempre ocurre. Puede que no se encuentre a ningún profesor que atribuya al doctorando capacidad suficiente para sacar adelante una tesis doctoral, o que el doctorando no dé con un profesor al que le interesen los temas sobre los que el doctorando quiere investigar. En fin, pueden concurrir muchas circunstancias aleatorias que impidan aquel acuerdo de un profesor y un doctorando para la dirección de la tesis. Sin este primer requisito, la carrera académica no es viable.

Pero el azar sigue operando en el acceso a un puesto docente estable, sin el que tampoco es posible la carrera académica. Cualquiera que sea el sistema de acceso a la docencia universitaria, el aspirante siempre necesitará contar con apoyos suficientes para hacer carrera académica. El sistema actual, basado en la acreditación por la Aneca, no es una excepción. Por ejemplo, si un candidato a la acreditación cuenta con méritos suficientes para acreditarse como catedrático de Derecho Procesal, tiene mucho terreno andado si se da la casualidad de que en la correspondiente Comisión de la Aneca haya algún catedrático de esa materia, que, obviamente, conocerá los méritos del aspirante; por el contrario, si no hay en la Comisión ningún procesalista, aumenta la probabilidad de que no se le reconozcan los méritos en cuestión. El azar vuelve a tener una influencia determinante.

Por supuesto que en mi carrera académica el azar fue importante en momentos clave. Para empezar en la tesis doctoral. Como he dicho, tuve la suerte de que hasta tres profesores me ofrecieran dirigirme la tesis, porque creyeron en mi capacidad para hacerla. Pero había unas circunstancias aleatorias que propiciaban estas actitudes de los profesores y me favorecían. La Universidad Autónoma de Barcelona era una Universidad joven, que se estaba haciendo. Los catedráticos de la Facultad de Derecho eran un pequeño porcentaje del profesorado. Y todos ellos estaban interesados en formar y consolidar un grupo de discípulos o colaboradores. De unos cincuenta alumnos que había en mi curso, cuatro hemos hecho carrera académica, es decir, un porcentaje bastante más elevado del que se da en una Facultad masificada o, simplemente, tradicional.

Pero el azar me fue favorable no sólo en cuanto a la tesis doctoral, sino también en otros momentos decisivos. Para el acceso a la plaza de Profesor Titular de la Autónoma, firmamos tres candidatos, pero los otros dos me dijeron con antelación que no se presentarían al concurso. Si lo hubieran hecho, si se hubiesen presentado, me habrían dificultado el camino, naturalmente. Después, cuando me presenté para la plaza de Catedrático de la Autónoma, se dio una circunstancia favorable inesperada. Resulta que ese mismo año, 1993, se convocaron 6 concursos más para plazas de Catedrático de Procesal en otras tantas Universidades. Y en todos esos concursos, hubo numerosos firmantes. Algunos fueron muy reñidos, con los efectos consabidos: ruptura de relaciones personales entre colegas que se hace indefinida en el tiempo. Bueno, pues lo que ocurrió en el concurso de la Autónoma es que no me firmó nadie más, salvo un querido compañero desgraciadamente ya fallecido, Joan Verger, que lo hizo *ad cautelam,* por si acaso yo no pudiera presentarme. Esta situación también me facilitó las cosas.

E.F. En nuestras Universidades la actividad de un profesor incluye diversas actividades: la docencia, la investigación, la gestión y la llamada transferencia del conocimiento. Tú las has ejercido todas a lo largo de tu carrera. ¿Qué te han aportado cada una de ellas? ¿Cuál de ellas es la que te ha satisfecho más?

M.C. Todas esas facetas han sido moralmente gratificantes para mí, aunque de forma diferente y en distinta medida. Sin duda, la actividad que más me ha satisfecho es la docencia, y esto a pesar de que está infravalorada a efectos del acceso a la carrera académica y de promoción del profesorado. Yo he querido ser, ante todo, un docente, un profesor. No me refiero sólo a los cursos de grado y postgrado reglados, sino también a otros ámbitos, tales como la dirección de tesis, conferencias, seminarios o redacción de manuales. Ayudar a otros a aprender algo o a solventar sus dudas o a sugerirles caminos para el conocimiento o la investigación produce un placer inmenso. La satisfacción espiritual que siente un profesor cuando se baja de la tarima del aula después de impartir una buena clase no desmerece, creo yo, a la que experimenta un actor después de desempeñarse con acierto en una obra de teatro.

A muy poca distancia de la docencia vendría después la investigación, que en mi caso comprende la investigación jurídica propiamente dicha y la investigación histórico-jurídica. Estamos aquí ante una actividad que responde a una de las pasiones humanas más intensas: la curiosidad, el afán de conocimiento. Cuando emprendemos una investigación, no sabemos cuáles van a ser los resultados. Pero si la investigación tiene éxito, por modestos que sean los resultados, el investigador va a experimentar algo impagable, como es sentirse partícipe de la obra común de contribución al incremento del conocimiento. Y luego están los momentos estelares, que en mi caso he vivido más en la investigación histórico-jurídica que en la jurídica en sentido estricto. Te pongo algunos ejemplos que me han ocurrido y que pueden ayudar a especificar la idea. Hay un manual de mediados del siglo XIX que se publicó con las iniciales del autor (D. J. R. C.), que no permitían hacer con seguridad una atribución de autoría. Al preparar un trabajo biográfico sobre el más importante procesalista español del siglo XIX, José de Vicente y Caravantes, encontré en el Archivo Histórico Nacional una copia de su partida de bautismo, que me permitió saber algo que nunca se había indicado en las notas biográficas sobre Caravantes: que tenía un nombre compuesto, de manera que en realidad se llamaba José Ramón. A partir de ahí todo encajó con precisión. Las iniciales significaban Don José Ramón Caravantes. Además, comprobé documentalmente que, al publicarse aquel manual, Caravantes aún era un simple estudiante de Leyes, lo que era un dato que podía restar atractivo para los posibles compradores de la obra. O sea, que probablemente Caravantes ocultó su autoría por razones comerciales. Otro ejemplo: las referencias biográficas referidas al más destacado procesalista del siglo XVIII, Juan Acedo Rico, Conde de la Cañada, discrepaban en cuanto a la fecha exacta de su nacimiento. Después de un laborioso peregrinaje por el archivo parroquial de su pueblo natal, Acebo, situado en la provincia de Cáceres, y por el archivo diocesano de Cáceres, localicé la partida de bautismo, que indicaba la fecha exacta de nacimiento. Ya sé que son insignificancias. Pero estos hallazgos y otros similares, por modestísimos que sean, producen un placer espiritual extraordinario. Por cierto, estas indagaciones provocan a veces anécdotas sorprendentes. Para acceder al archivo diocesano, tuve que hacer una larga espera en el zaguán del palacio episcopal, que es un edificio renacentista muy hermoso. Y los turistas extranjeros creían que yo era el encargado de dirigir su visita.

En cuanto al grado de satisfacción, la siguiente actividad es la transferencia de conocimiento.Ya te he hablado de los dos cauces: uno retribuido, los dictámenes, y el otro gratuito, las consultas de exalumnos. La transferencia de conocimiento permite darse cuenta de la utilidad social de lo que hemos aprendido, de que los conocimientos adquiridos en nuestra disciplina no están encerrados en una urna de cristal.

En fin, la actividad de gestión. Tú y yo conocemos colegas a los que les encanta esta actividad. A mí no me ha entusiasmado. Pero en este ámbito predominó la conciencia del deber. La gestión académica es algo necesario para que funcionen la Universidad, la Facultad y los Departamentos. Y alguien tiene que hacerla. Viví el desempeño de cargos académicos como una carga necesaria, o, mejor dicho, como una contribución exigible para la vida académica. Estuve un año como secretario de la Facultad en el Decanato de Isidre Molas, después cuatro años como vicedecano de ordenación académica, primero con Molas y después en el Decanato de Manolo Gerpe. En estos equipos decanales coincidí con excelentes amigos, entre los que debo mencionar a Josep Joan Moreso, Pepe Cid y Carmen Tort-Martorell.

A renglón seguido fui dos años Decano, en los que tuve la suerte de contar con magníficos colaboradores, que ante todo eran amigos: Loli Arias, a la que sucedió Maria Ysàs, tú mismo, Rafa Rebollo, Antonio Serrano, Eulàlia Amat, Joan Amenós y María Jesús Espuny. Por desgracia, otras dos buenas amigas nuestras, Elena Larrauri y Montse Pi, declinaron mi invitación a formar parte del equipo decanal.

Después fui dos años más director de mi Departamento. Así es que creo yo que he cumplido con creces esta carga académica.

E.F. Tu vocación por la docencia se ha mantenido hasta el final de la carrera universitaria (avanzado, por cierto, por razones de salud), algo que no ocurre siempre con los profesores al hacernos mayores, y tras muchos años en las aulas. Me gustaría que explicaras aquello que ha mantenido viva hasta hoy esa vocación. Hay un pasaje precioso en la obra de George Steiner (*Lecciones de los maestros*, Siruela, 2003) sobre esta cuestión: «La *libido sciendi*, el deseo de conocer, el ansia de comprender está grabada en los mejores hombres y mujeres. También lo está la vocación de enseñar. No hay oficio más privilegiado. Despertar en otros seres humanos poderes, sueños que están más allá de los nuestros; inducir en otros el amor por lo que nosotros amamos; hacer de nuestro presente interior el futuro de ellos; ésta es la triple aventura que no se parece a ninguna otra». ¿Compartes estas afirmaciones?

M.C. Recuerdo que, durante los últimos años en que impartí clases, nuestro común amigo Pepe Cid me decía esto mismo que comentas tú, o sea, el hecho raro de que, a cada año que pasaba, recibiera mejores evaluaciones de los alumnos en una edad en que los profesores, incluso los buenos profesores, ya han perdido en gran medida su interés por la docencia.

Por supuesto, comparto al pie de la letra este hermoso pasaje de Steiner. No hay oficio más privilegiado y gratificante que la enseñanza, entendida no sólo ni principalmente como transmisión de conocimientos, sino también como la concebía Steiner. No hay nada parecido a ser capaz de despertar en otros seres humanos sueños de alcanzar horizontes a los que nosotros no llegaremos, suscitarles amor hacia lo que nosotros también amamos y ayudarles a que vivan un futuro que nosotros apenas podemos vislumbrar. La capacidad de hacer todo esto es uno de los máximos dones que nos puede otorgar la naturaleza.

E.F. Actualmente existe un gran debate sobre la educación, y se levantan voces muy críticas sobre la renovación pedagógica que desde hace años ha supuesto un abandono de los principios tradicionales: el aprendizaje de conocimientos, la necesidad del esfuerzo, el valor del saber, el ejercicio de la memoria, la evaluación mediante exámenes, la autoridad, la disciplina, etc. Los resultados de estas nuevas metodologías son conocidos por los índices PISA, y también constatables en el nivel de los alumnos que llegan a nuestras Universidades, que se han sumado a la renovación pedagógica. Consecuencia de ello es que el oficio de profesor universitario se ha transformado y empeorado, pues ahora nos dedicamos a unas tareas casi escolares, a otras eminentemente burocráticas, y a muchas solo tecnológicas, y nos ocupamos poco del contenido de las asignaturas y las clases. ¿Qué piensas de todo ello?

M.C. Me sumo a esas críticas que has mencionado. A mi modo de ver, los criterios de docencia y evaluación que has calificado acertadamente como tradicionales son preferibles, con algunos matices, a los que vienen predominando en los últimos tiempos. Digo que la calificación de tradicionales me parece adecuada porque justamente tienen a su favor la larga experiencia acumulada en su utilización.

Por supuesto, no se trata de que los alumnos se limiten a aprender memorísticamente unos determinados contenidos, pero, sin un mínimo de ejercicio de la memoria, difícilmente se puede decir que los alumnos han aprendido una materia. Claro está que la memorización debe ir acompañada, necesariamente, de la reflexión, de la comprensión de lo estudiado. Por poner un ejemplo elemental perteneciente a nuestro ámbito de conocimiento: no basta que el alumno conozca las líneas esenciales de la regulación legal de los actos procesales de comunicación. Es indispensable que entienda también las funciones que cumplen esos actos, para qué sirven.

A su vez, los exámenes deben responder a esas dos exigencias, es decir, tienen que estar configurados de tal manera que muestren adecuadamente que los alumnos han aprendido y entendido unos concretos contenidos.

Comparto también lo que dices sobre el empeoramiento progresivo que ha sufrido en los últimos tiempos el nivel de los alumnos que ingresan en la Universidad. La repercusión inevitable de esto es que los alumnos también salen de la Universidad con peor nivel. Me refiero al nivel medio, porque, por fortuna, siempre ha habido y habrá un grupo de estudiantes excelentes. Lo que estoy diciendo no es una propuesta para anclarse en el pasado. De lo que se trata es de aprovechar, al mismo tiempo, los métodos de enseñanza y evaluación tradicionales y completarlos con las ventajas que ofrecen las nuevas tecnologías, algunas de las cuales ya no tienen nada de nuevas. Sería absurdo descartar el uso de estas nuevas tecnologías con carácter complementario. Por ejemplo, sería lamentable que los alumnos salieran de la Facultad de Derecho sin haberse familiarizado con la utilización de las bases digitales de jurisprudencia. El empeoramiento del oficio de profesor por la servidumbre que exigen los nuevos enfoques pedagógicos y que tú has comentado es algo muy triste. Y conste que yo también lo empecé a padecer en mis últimos años en activo.

E.F. Has mencionado las bases de datos como ejemplo de utilización de las nuevas tecnologías en el Derecho por parte de los alumnos, y de los operadores jurídicos en general. Pero como sabes, las nuevas tecnologías, y en particular la Inteligencia Artificial, ya se está utilizando para actividades mucho más sofisticadas, como la redacción de informes, demandas o incluso sentencias. ¿Qué piensas de todo ello? ¿No crees que puede cambiar la enseñanza del Derecho a muy corto plazo? ¿Y puede llegar a transformar el papel del profesor?

M.C. Claro está que la aplicación de estas tecnologías obligará a transformar el papel del profesor. Si no me equivoco, algunas facetas de la labor del profesor tradicionalmente consideradas como prioritarias, como la transmisión de conocimientos, pasarán a un plano secundario, cediendo su posición a otros aspectos, entre los que cabe mencionar los siguientes: 1) la enseñanza de los valores jurídicos sobre los que se asientan los ordenamientos democráticos; 2) el ahondamiento en la vertiente argumentativa del Derecho, es decir, que los alumnos se habitúen a razonar en términos jurídicos; 3) ayudar a los alumnos a mejorar la capacidad para distinguir la calidad de la información jurídica que les ofrecen las fuentes que tienen a su disposición.

E.F. Tu actividad como enseñante del Derecho no se ha limitado a la docencia como profesor de los grados y los másters, donde siempre has sido muy bien valorado por los estudiantes. También has ejercido una labor de maestro con la dirección de las tesis doctorales, y has creado un grupo (o una escuela) de profesores que se reconocen como discípulos tuyos, y que por cierto se refieren a ti como «el profesor». Me gustaría que explicaras esa actividad de «maestría», diferenciada de la docencia. ¿Qué crees que singulariza a esta actividad, que a menudo no se limita a la orientación en el saber académico? ¿Qué es lo que define la relación del maestro con el discípulo?

M.C. Para empezar, te diré que la creación de ese grupo de discípulos que has mencionado es lo que más satisfacción me ha producido de todo lo que he hecho en mi vida universitaria. Cuando se dirige una tesis doctoral y se ayuda a encauzar la carrera académica del nuevo doctor, uno se siente como un eslabón de una larga cadena, que incluye a los antepasados académicos, pero también, idealmente, a nuestros «nietos» académicos, es decir, a los futuros discípulos de nuestro discípulo, y así sucesivamente. En definitiva, nos sentimos partícipes de una obra común, que se inició hace muchas décadas y que esperamos que perdurará también mucho tiempo. A Manuel Serra Domínguez, el maestro de mi maestro, que, si no me equivoco, fue profesor tuyo en la carrera, le gustaba proclamar que yo era nieto académico suyo. Con el paso de los años he comprendido este sentimiento.

Mis discípulos forman un grupo excelentemente avenido entre sus componentes, a pesar de las marcadas diferencias que median entre ellos. Precisamente el aspecto del que más orgulloso me siento es éste: las buenas relaciones entre condiscípulos con talantes e idearios políticos muy dispares.

Hay otro punto que es muy grato para mí. De todos mis discípulos sólo hay dos (Carmen Navarro, mi primera discípula, y Santi Orriols) que fueron alumnos míos de Licenciatura. Todos los demás tuvieron otros profesores de Derecho Procesal en la carrera, e incluso varios de ellos estudiaron Derecho en otras Universidades. Y fue después de terminar sus estudios de Licenciatura cuando me pidieron que les dirigiera su tesis doctoral. Quico Ramos estudió en la Universidad Pompeu Fabra. Núria Reynal lo hizo en la Autónoma, pero fue alumna de otro profesor. Arantza Libano procedía de la Universidad de Deusto. Consuelo Ruiz cursó los estudios de Derecho en la Universidad de Chile. También estudiaron en Chile otros dos discípulos de ese país, Felipe Goirigoitia y María Ángeles González. A su vez, Odón Sanguiné estudió en Brasil. Tengo también otros discípulos que me pidieron que les dirigiera su tesis cuando ya ejercían una profesión jurídica, como es el caso de Juan José Duart, abogado, de Montse Carceller, jueza, y del magistrado Xavier Pereda, cuya tesis codirigí con Joan Manel Abril. A estas personas hay que añadir a Cristina Riba, que propiamente no es discípula mía, sino «hermana académica», porque es discípula del maestro común Francisco Ramos Méndez, pero, cuando Ramos se trasladó a la Universidad Pompeu Fabra, Cristina se quedó en la Autónoma y siempre ha sido una integrante más del grupo.

La verdad es que he tenido mucha suerte con mis colaboradores universitarios. Me he beneficiado de la ayuda prestada por excelentes profesionales del Derecho que han sido profesores asociados. Sin afán de exhaustividad, debo mencionar al abogado Pedro Ruiz, una de las primeras víctimas del Covid, al magistrado Emilio Aragonés, también fallecido, al abogado Juan Alarcón, a la abogada Carmen Fernández Aranda, a la abogada Montse Llorente, fallecida hace casi diez años, al magistrado Xavier Pereda, a la secretaria judicial Nieves Moreno, al abogado Albert Fauria, uno de los alumnos más brillantes que he tenido en la Universidad, a Carlos de Miranda, que ha conseguido encauzar su carrera académica en la Universidad Pompeu Fabra bajo la dirección de mi querido amigo el profesor Joan Picó, a la abogada Josefina Huelmo, al abogado Jesús Álvarez Espada, y algunos más que ahora, por desgracia, no recuerdo.

A mi juicio, lo que mejor singulariza la actividad de «maestría» es la permanente disposición del maestro para ayudar a sus discípulos. Como tú dices, no se limita a la orientación en el saber académico. Abarca también las restantes facetas de la vida universitaria e, incluso, de la vida personal sin más. La ayuda puede adoptar múltiples formas. Por ejemplo, aconsejar al discípulo sobre si le puede o no ser conveniente presentarse a un determinado concurso de profesorado, o hacer una estancia de investigación en una concreta Universidad extranjera, o persistir en tal o cual línea de investigación. Un aspecto esencial de esa ayuda es el apoyo anímico del maestro, especialmente cuando el discípulo ha tenido un fracaso académico o está atravesando una etapa vital aciaga. El mejor científico español de todos los tiempos, don Santiago Ramón y Cajal, decía que, cada vez que uno de sus pocos maestros españoles, el profesor Maestre de San Juan, le acusaba recibo de sus publicaciones, la carta le servía de «tónico moral de primer orden».

Lo que he dicho es, creo yo, el rasgo que mejor define la relación entre maestro y discípulo. Pero esta relación tiene también otros componentes, sobre todo la confianza y la lealtad recíprocas. Si faltan estos elementos, quiere decir que la relación original ha saltado por los aires.

E.F. Hay un epigrama de Nicolas de Chamfort, reputado maestro de la brevedad, que recuerdo a menudo porque en cierto modo me genera dudas. Dice: «Lo que se conoce mejor es: 1. lo que se adivina; 2. lo que se aprende de la experiencia; 3. lo que se aprende no en los libros sino a través de los libros, por las reflexiones que nos suscitan; 4.lo que se aprende en los libros o con los maestros.» ¿Estarías de acuerdo?

M.C. No sé a lo que se refiere exactamente Nicolas de Chamfort al mencionar la primera vía o modalidad de conocimiento, es decir, «lo que se adivina». Pero, dejando de lado este punto, estoy de acuerdo en cuanto al resto, aunque con diversos matices. El conocimiento empírico, lo que se aprende de la experiencia, me parece capital. Y esto es válido para todos los órdenes de la vida, también para el ámbito jurídico, aunque habrá ocasión de volver a tocar este aspecto con más detenimiento. Después, situaría a la razón, las reflexiones, y no sólo las suscitadas por los libros, sino también las provocadas por otras personas y por la experiencia. En último término vendría la información propiamente dicha, con independencia de dónde se encuentre. Puede ser información contenida en los libros, pero también ofrecida por los maestros, o disponible en cualquier fuente de conocimiento.

E.F. Junto a la docencia y la investigación, en tu carrera también has ejercido la gestión académica, pues has desempeñado distintos cargos, entre otros, el de Decano de la Facultad de Derecho, en cuyo equipo decanal me integré. El ejercicio de estos cargos, que quizá son más bien cargas, te permite conocer de cerca el funcionamiento real de la Universidad, de su gobernanza, y de lo que diríamos en mi gremio la «constitución material». Me gustaría saber, en primer lugar, tu opinión sobre la organización y el gobierno de la Universidad española, basado esencialmente en la autonomía universitaria garantizada por nuestra Constitución. Y en segundo lugar, sería interesante que explicaras tu experiencia en la gestión, y aquello que te aportó como profesor.

M.C. En la vida de una Facultad universitaria hay periodos plácidos, en que las cosas funcionan casi por inercia. Pero hay otras épocas en las que el Decano y el equipo decanal tienen que afrontar problemas muy difíciles. Tu época de Decano ha sido uno de estos periodos: has debido hacer frente a la situación de emergencia derivada del COVID, una calamidad terrible, y después vino el saqueo de datos informáticos sufrido por la Universidad Autónoma de Barcelona. Mi periodo de Decano no alcanzó estos niveles de complejidad, aunque tampoco fue fácil, porque coincidió con las cotas más elevadas de masificación estudiantil, agravada por la coexistencia de dos planes de estudio: el inaugurado en 1992 y el anterior, que estaba en vías de extinción. Por fortuna, el ambiente que presidía las relaciones en el seno del equipo decanal era excelente.

Como ya he dicho, viví el desempeño de cargos académicos como una auténtica carga, que me resultaba moralmente ineludible. Esto vale para todos los cargos de gestión que desempeñé, pero, sobre todo, para los años de Decano. La faceta que recuerdo como más dura fue la mediación en algunos conflictos desatados entre profesores de unas mismas áreas. Me acuerdo de una ocasión en que el enfrentamiento entre dos profesores de la misma Área por no sé qué minucia se prolongó hasta cerca de la madrugada.

Me preguntas por mi opinión por la organización y el gobierno de la Universidad española. Sé que sobre este tema hay criterios para todos los gustos. Por mi parte, creo que una primera reforma necesaria es incrementar el peso de los órganos públicos de gobierno y representación en el nombramiento de la máxima autoridad universitaria: el Rector. A mí me parece que una modificación como ésta es compatible con la autonomía universitaria. En todo caso creo que son bochornosos los episodios que hemos visto, en que el Rector sale elegido gracias al puñado de votos de un grupo de estudiantes que es una exigua minoría en el conjunto de alumnos. Y, por otro lado, no olvidemos que la Universidad se financia, en su mayor parte, con las aportaciones públicas derivadas de los impuestos.

Otra modificación que me parece conveniente es la reducción drástica de órganos de gestión. La multiplicación de estos órganos ha facilitado el surgimiento de profesores que se han convertido en profesionales de la gestión.

En cuanto a lo que me aportó la gestión, ya lo has dicho tú: me ayudó a conocer mejor el funcionamiento de la Universidad. A veces, ese conocimiento era la confirmación de la idea previa que yo tenía sobre tal o cual aspecto de la vida universitaria. Pero en otras ocasiones me abrió los ojos sobre realidades que yo no sospechaba. También me sirvió para iniciar o consolidar relaciones de amistad con compañeros.

E.F. Hay un aspecto del funcionamiento de la Universidad que es a menudo criticado desde fuera: la endogamia en la selección del profesorado. Desde luego, no es un defecto exclusivo de la Universidad, y un conocimiento de las instituciones y de las Administraciones de nuestro país permite constatarlo rápidamente. Se podría pensar que se trata de un fenómeno vinculado a la cultura y la moral de un país católico del sur de Europa, pues en las sociedades anglosajonas, por ejemplo, no se produce de igual forma, y en ello seguramente influye el enorme peso que la familia —entendida en un sentido extenso— tiene en nuestro país. ¿Estarías de acuerdo con mi visión? ¿Crees que existe alguna justificación para la endogamia universitaria que no pudiera esgrimirse en otras instituciones? ¿Crees que existe algún sistema de selección que podría evitar este fenómeno?

M. C. Estoy de acuerdo en que la cultura y la moral de un país católico del sur de Europa, como es España, tiene una influencia relevante en el problema de la endogamia universitaria. La idea de comunidad presenta un peso muy superior en la cultura católica que en la protestante, aunque podamos no ser conscientes de esto. Mientras que en el mundo protestante se pretende que la relación entre los creyentes y Dios sea fundamentalmente una vinculación directa, en el mundo católico la Iglesia actúa como intermediaria en esa relación. Una manifestación paradigmática es el sacramento de la confesión, que existe en el catolicismo, pero no en el protestantismo. Otro ejemplo son los monasterios. En el mundo católico se ha pensado tradicionalmente que la vida conventual es el ideal de vida cristiana, algo que no ocurre en absoluto en el protestantismo. Es cierto que, ya desde el Renacimiento, destacados católicos, como el gran Erasmo de Rotterdam, criticaron severamente aquella idea.

A pesar de los cambios culturales que se van produciendo, la idea de que la comunidad, en sus diversas modalidades, debe ser protegida frente a los extraños al grupo sigue vigente. Esto vale para las diversas modalidades de comunidad, incluida la formada por el maestro y sus discípulos en la Universidad. Podríamos hacer un ejercicio de buenismo y afirmar que, si nos hubiéramos visto en el dilema de votar a favor de un discípulo o de otro candidato notoriamente superior en méritos, habríamos votado a favor de este último. Por fortuna, en toda mi vida académica no me encontrado con una situación así. Pero prefiero ser humilde y admitir que no sé lo que habría hecho.

Me preguntas si hay alguna justificación para la endogamia universitaria que no pudiera esgrimirse en otras instituciones. Creo que no. A veces se ha pretendido atribuir a la endogamia universitaria la ventaja de que facilita la creación de grupos de investigación porque propicia que los mismos universitarios que se han formado en un determinado Departamento continúen haciendo investigación en ese mismo Departamento. Pero esta justificación es muy endeble. Vivimos en un mundo en el que las comunicaciones telemáticas son crecientemente más sencillas y frecuentes, y en el que los traslados físicos de una Universidad a otra son también más fáciles. Nada impide hoy día la creación de grupos de investigación con profesores de distintas Universidades, tanto nacionales como extranjeras.

En cuanto a la posibilidad de implantar un sistema de selección del profesorado que pudiera evitar la endogamia universitaria, creo que lo más realista es adoptar medidas concretas que puedan ayudar a reducir el grado de endogamia, siendo conscientes de que la supresión absoluta de este fenómeno seguramente no es hacedera. Algunos países, e incluso alguna Universidad de nuestro país, están aplicando este tipo de medidas. Por descontado, la directriz esencial de esas medidas debe ser buscar la mayor lejanía posible entre la trayectoria académica y personal de los miembros de las comisiones de selección del profesorado y el itinerario vital y académico de los diversos candidatos. Pero hay que tener cuidado en no caer en el extremo contrario, que es lo que ha ocurrido con el sistema de acreditación de la ANECA, en el que podía pasar que la Comisión correspondiente no tenga ningún experto de la materia que ha cultivado el candidato a la acreditación.

E.F. Desde hace años se viene hablando de la crisis de la Universidad como institución, y de su declive como centro de referencia de la enseñanza superior y la investigación. De nuevo me referiré al profesor Alejandro Nieto, que en su conocida obra *La tribu universitaria* ya afirmaba —a mediados de los ochenta— que la Universidad había naufragado. Posteriormente, otras obras, como *Adéu a la Universitat*, de Jordi Llovet, y muchos artículos y ensayos han reiterado esa idea de ocaso e incluso de descomposición. ¿Crees que ésta es realmente la situación de la Universidad? ¿A qué factores atribuyes ese proceso de declive de la institución? Ante un mundo que vive grandes y rápidos cambios en todos los ámbitos, ¿cómo ves el futuro de la Universidad?

M.C. Mi modesta opinión a este respecto no es tan pesimista como las de don Alejandro Nieto y Jordi Llovet. La tesis de Nieto sobre el naufragio de la Universidad fue defendida por su autor hace cuarenta años, y el caso es que la Universidad sigue viviendo. Así es que aquella tesis podría ser replicada con el famoso dicho «los muertos que vos matáis gozan de buena salud».

Desde su creación en la Edad Media, la Universidad ha sufrido innumerables crisis, a las que ha ido sobreviviendo. Hay que leer, por ejemplo, la autobiografía de Diego de Torres Villarroel, catedrático de matemáticas de la Universidad de Salamanca a principios del siglo XVIII, para darse cuenta de la degradación en la que había caído esta célebre Universidad. Creo que estamos en una de esas etapas, caracterizada por el acceso masivo a la Universidad de franjas sociales cada vez más amplias, que ingresan en la Universidad con peor nivel medio de preparación. Claro está que la Universidad tendrá que adaptarse a esta nueva realidad, y no será fácil conseguirlo. El desafío inmediato será amoldarse procurando mantener a la vez el mínimo grado de excelencia sin el cual la Universidad se convertiría, a lo sumo, en un centro de enseñanza secundaria.

Pero el dato empírico innegable es que la sociedad, mayoritariamente, quiere que sus hijos sigan acudiendo a la Universidad. Por otra parte, la Universidad sigue siendo un instrumento de promoción social para muchos de sus graduados, aunque sea en un grado modesto. En lo que se refiere a la investigación científica, la primacía de la Universidad pública continúa siendo evidente.

Cuestión distinta es que una minoría social, cada vez más amplia, huya de la Universidad pública y se vaya a las Universidades privadas. En su inmensa mayoría, estas Universidades apenas contribuyen a la investigación científica. Y en el aspecto docente tampoco superan, en términos generales, a la Universidad pública. Compárese, por ejemplo, el claustro de profesores de la Facultad de Derecho de cualquier Universidad privada de Cataluña con el claustro de profesores de la Facultad jurídica de cualquiera de las Universidades públicas catalanas. Digámoslo claramente: se va a las Universidades privadas no porque se aprenda más que en la públicas, sino porque pueden servir para fraguar relaciones personales y sociales que incrementarán las expectativas profesionales de sus graduados. Por cierto, si no me equivoco, este proceso de huida a las Universidades privadas no se está produciendo en Alemania, ni en Francia, ni siquiera en Italia.

El Derecho, la historia, y la historia del Derecho

E.F. En otro capítulo has explicado las vicisitudes que te llevaron a la Facultad de Derecho de la UAB, y las razones (y los azares) que te inclinaron a seguir esa carrera. Si el Derecho no era la primera opción, parece que el Derecho procesal tampoco. ¿Por qué seguiste la carrera académica en esta disciplina? ¿Fue también otro azar? ¿Qué atractivo podía tener en ese momento el Derecho procesal frente a otras materias de la licenciatura?

M.C. No es que el Derecho Procesal me atrajera por aquel entonces mucho más que otras materias. Sin duda, el factor determinante de la decisión de dedicarme a esta disciplina fue el entusiasmo docente desplegado por mi maestro, el profesor Francisco Ramos Méndez. En una de las aulas de la Facultad entraba cada día que teníamos clase de Procesal un jovencísimo profesor Ramos, recién nombrado catedrático, luciendo un elegante y vanguardista traje. Impartió todas sus clases paseando por el aula, combinando maravillosamente la exposición magistral con la continua interacción con los alumnos a través del planteamiento de cuestiones, que, al ser contestadas, daban paso a nuevos problemas. El tiempo volaba a toda velocidad. Me impresionó tanto esa forma de dar las clases que he procurado adoptarla como modelo. No sé hasta qué punto he conseguido que mis clases alcancen un nivel razonablemente decoroso, pero sí puedo asegurar que las he impartido todas de pie y moviéndome por la tarima, como hacía mi maestro.

Cuando el curso se acercaba a su final, el profesor Ramos nos propuso a varios alumnos suyos colaborar en la elaboración del manual que, según nos dijo, estaba redactando. De hecho, dado que él no tenía aún manual propio y su maestro, el profesor Serra, tampoco lo tenía, aconsejaba preferentemente para el estudio de la asignatura el *Derecho Procesal Civil* de Gómez Orbaneja y Herce Quemada. Utilicé, subrayé y anoté incansablemente el ejemplar que adquirí de este excelente manual, que aún conservo con cariño.

Todos nosotros aceptamos encantados su invitación, y ayudamos al profesor Ramos en la búsqueda y selección de jurisprudencia. Además, yo me encargué de la corrección de galeradas y pruebas de imprenta, tres versiones sucesivas en total, todas ellas confeccionadas a partir del original, redactado por el autor con la magnífica máquina de escribir eléctrica que utilizaba en su despacho de la calle Aribau de Barcelona. Para mí fue una tarea extraordinariamente formativa, que concluiría durante el curso siguiente, el de 1979-1980, al término del cual se publicó el manual. En el prólogo de la obra el profesor Ramos nos agradeció expresa y generosamente nuestra colaboración, como lo hizo también en los prólogos de las sucesivas ediciones del manual, en las que también colaboré modestamente en la actualización de los textos legales que se citaban.

Fue, por tanto, con la primera edición de su *Derecho Procesal Civil* con la que se inició una relación entre maestro y discípulo que, al tiempo de escribir estas líneas, ha rebasado ya los 45 años. ¡Ahí es nada!

Además de la invitación para colaborar en el manual, el profesor Ramos me propuso, al comienzo del año académico siguiente, es decir, el de 1979-1980, pedir una beca FPI (Formación del Personal Investigador), para hacer la tesis doctoral bajo su dirección. También acepté muy gustoso esta oferta, a pesar de que ya había recibido alguna que otra invitación similar por parte de otros catedráticos de la Facultad. Estas convocatorias de becas se decidían atendiendo al curriculum de los aspirantes. A finales del primer trimestre del curso 1980-1981, se resolvió la convocatoria, y me otorgaron la beca.

Otro vínculo importante con el profesor Ramos es el que te cuento ahora. El verano de 1979, es decir, el posterior al cuarto curso, fue el primero desde que salí a estudiar a los once años en que no regresé al pueblo para ayudar a mi familia en las tareas agrícolas. Ese verano me quedé haciendo prácticas en el despacho del profesor Ramos, que compatibilizaba el magisterio universitario con el ejercicio de la abogacía. Además de emprender la lectura de las obras de Derecho Procesal que me recomendó el profesor Ramos, seguí en su bufete el tirocinio o aprendizaje de los rudimentos del ejercicio de la abogacía, mediante una pasantía que se extendió durante el verano de 1979 y continuó en el verano y el otoño de 1980, hasta que me concedieron la beca de investigación que había pedido. Este contacto práctico con el Derecho Procesal contribuyó a aumentar mi interés por esta disciplina jurídica y a comprender el papel esencial que esta rama jurídica tiene en la configuración efectiva del ordenamiento jurídico.

Debo hacer ahora otro acto de reconocimiento. A lo largo de mi vida he conocido muy de cerca a muchos ilustres abogados, pero no he encontrado a ninguno que superara las dotes del profesor Ramos para el ejercicio de la abogacía, no he encontrado a nadie que reuniera a la vez y en igual grado su talento, instinto jurídico y capacidad de trabajo.

De todas formas, el proyecto a medio plazo era hacer la tesis doctoral sobre algún tema procesal bajo la dirección de Ramos. Para ello, era necesario obtener el grado de Licenciado en Derecho, no bastando el título de Licenciado, que se recibía con la aprobación de todas las asignaturas de la carrera. Para conseguir el grado de Licenciado, se podía optar entre las dos siguientes vías: o hacer la tesina, que era un trabajo breve de investigación, o superar un examen sobre un cuestionario propuesto previamente por el tribunal. Me incliné por esta segunda opción, obteniendo sobresaliente en ese examen. Además, me otorgaron el premio extraordinario de la Licenciatura en Derecho.

Ramos propuso a la Facultad mi nombramiento como profesor ayudante de clases prácticas, lo que fue aceptado a principios de noviembre de 1980. Pero se planteó enseguida un problema: el puesto de ayudante de clases prácticas no era compatible con la beca del Ministerio, por lo que tenía que renunciar a una cosa o a la otra. La Facultad me animó a renunciar a la ayudantía, y a cambio me nombraron profesor encargado de curso, con una modestísima retribución que, junto a la de la beca, igualaba más o menos la remuneración de ayudante. Esta solución era la más favorable para la Facultad, porque le permitía tener un investigador y profesor pagado, fundamentalmente, por el Ministerio. Pero no era la mejor solución para mí, porque eran años de terrible crisis económica y fiscal, por lo que la beca del Ministerio se cobraba con un enorme retraso, hasta el punto de que era normal percibirla a partir del mes de febrero.

E.F. Cualquier jurista que se acerca al Derecho Procesal —especialmente en una actividad de aplicación del Derecho— descubre la enorme importancia del Derecho adjetivo, hasta el punto de creer que se trata del «auténtico» Derecho, quizás por ser el más auto-referente. ¿Crees que el conocimiento del Derecho procesal tiene más importancia que el conocimiento del Derecho material? ¿Piensas que los juristas de verdad sois los procesalistas?

M.C. Te hago una aclaración terminológica previa: en general, a mis colegas no les gusta nada esa nomenclatura que has utilizado de «Derecho adjetivo» para denominar al Derecho procesal, porque entienden que degrada la relevancia de esta rama jurídica y pertenece a una época histórica en la que el Derecho procesal como disciplina jurídica aún no había adquirido autonomía respecto del Derecho material. Con esta aclaración dejo cumplida una exigencia del gremio.

No creo que el conocimiento del Derecho procesal sea más importante que el conocimiento del Derecho material, ni que los procesalistas seamos los únicos juristas de verdad. Para desenvolverse en el ámbito jurídico, es necesario conocer tanto el Derecho procesal como el Derecho material.

Ahora bien, lo que sí se percibe con frecuencia es una cierta relegación del Derecho procesal en ámbitos en los que debería ser tenido en cuenta. Te pongo un ejemplo relativamente reciente y notorio: la escasa presencia de procesalistas en la elaboración del Código Civil de Cataluña. Claro está que los textos legales que componen ese Código pertenecen al Derecho material, pero ofrecen también algunos aspectos procesales que son necesariamente complementarios de la regulación sustantiva. Me refiero a los temas de carácter mixto, es decir, los que presentan una doble naturaleza, material y procesal, sin que se puedan escindir una y otra vertiente. Es lo que ocurre, por ejemplo, con el tema fundamental de la legitimación procesal. En mi trabajo sobre la competencia autonómica en materia procesal, publicado en una obra colectiva dirigida por los profesores Miguel Ángel Aparicio y Mercè Barceló, mencionaba este y otros temas que aúnan ese doble carácter.

Otro de los motivos que seguramente hacen atractivo al Derecho procesal es la singularidad que ofrece esta materia frente a otras disciplinas jurídicas: el hecho de ser un Derecho para el Derecho, es decir, un Derecho que regula la aplicación judicial del Derecho material, y que, a diferencia de éste, no se dirige a los ciudadanos en cuanto tales, sino a los profesionales que piden o llevan a cabo la aplicación del Derecho material. En definitiva, es el Derecho que se identifica con las profesiones jurídicas más típicas: juez y abogado.

Desde que me aproximé al Derecho procesal, me sorprendió la poca importancia que se atribuía al juez, al Poder Judicial, en comparación con los otros Poderes públicos. Ten en cuenta que mi primer curso de Derecho procesal fue el año académico 1978-1979, o sea, coincidió con la aprobación de la Constitución. Recuerdo que la concepción general sobre la figura del juez que predominaba en los debates de aquel tiempo era la heredada de Montesquieu: el juez como la boca muda que pronuncia las palabras de la ley.

Esta concepción chocaba con la postura que sostenía mi profesor de Derecho Procesal I, Ramos, para quien el juez está en el centro del ordenamiento jurídico y participa en la creación del derecho en los casos concretos que se le plantean, estableciendo los criterios específicos que van a regir respecto de esos casos. Al dictar sentencia, el juez no actúa como simple técnico que realiza una operación meramente mecánica o lógica, sino que crea derecho basándose en juicios lógicos, históricos y de valor. Ramos se apoyaba en la teoría que su maestro, el profesor Serra Domínguez, sostenía sobre el juicio jurisdiccional, es decir, sobre la sentencia.

Ramos era el único procesalista que mantenía en España esas ideas centrales, como lo había hecho en Italia su maestro italiano Salvatore Satta: la creación judicial del derecho en el caso concreto y el proceso como *processus iudici*, como método para la creación judicial del derecho. Puedes imaginarte el impacto que estas tesis producían en un alumno intelectualmente inquieto. Me pareció entonces, y sigo creyendo todavía, que esa concepción monista sobre la relación entre el Derecho y el proceso se ajusta mejor a la realidad que las diversas posturas dualistas.

La obra de referencia de Ramos en materia de teoría general del proceso era su libro *Derecho y proceso*, publicado en 1979 durante el mismo curso en el que fui alumno suyo en la asignatura de Derecho Procesal I.

La concepción propugnada por el profesor Ramos, incardinada en el realismo jurídico, se separaba tanto de las teorías dominantes en la doctrina procesal española de aquel tiempo que no es extraño que esta obra causara una fuerte impresión entre numerosos procesalistas pertenecientes a diferentes orientaciones doctrinales. Esa discordancia entre el pensamiento del profesor Ramos y la doctrina mayoritaria provocó que la obra en cuestión fuera objeto de algunas críticas ásperas, que el autor asumió con elegante serenidad. El punto central de esas objeciones radicaba en que, según éstas, la tesis de la creación judicial del derecho, defendida por el profesor Ramos, implicaba relegar indebidamente la función de la ley.

Ahora bien, la concepción mantenida por Ramos no suponía excluir el papel esencial que desempeña la ley en el proceso, ni, mucho menos, pretendía ser una patente de corso para que el juez prescindiera de la ley a la hora de crear en el proceso la norma singular del caso concreto sometido a su enjuiciamiento. La tesis de la creación judicial del derecho venía a poner de manifiesto la constatación empírica de la insuficiencia de la ley, es decir, la necesidad de contar con la obra imprescindible del juez para llegar a la formulación de una norma específica que regule cada uno de los casos concretos que se plantean en la realidad procesal de cada día.

De hecho, son muy abundantes los pasajes de su obra en los que Ramos proclamaba expresamente la exigencia ineludible de que el juez respete la ley, se atenga a ella al resolver las cuestiones sujetas a su enjuiciamiento. Me limitaré a mencionar uno solo de esos pasajes, en el que dice: «*aun en una concepción monista del ordenamiento jurídico y de la jurisdicción, es preciso proclamar el principio de sumisión del juez a la ley [...] con la infracción del vínculo del juez a la ley la política hace su aparición en el juicio*».

El caso es que esas ideas de Ramos sobre el juez y el proceso, que sigo compartiendo, ayudaron decisivamente a despertar mi interés por esta materia.

E.F. En tu trayectoria académica y en tu currículum se puede ver que has dedicado la mayor parte de tu investigación al estudio del Derecho procesal, empezando por tu tesis sobre el embargo, y continuando con las publicaciones y las investigaciones sobre lo que podríamos llamar dogmática procesal: desde la teoría general del proceso hasta concretos procesos. ¿Por qué elegiste esos temas dentro del Derecho Procesal? ¿Qué interés tienen para ti?

M.C. En general, al elegir temas de estudio para mis trabajos jurídicos, he procurado optar por cuestiones que combinan el interés teórico con la relevancia práctica.

Creo que, en el campo estricto del Derecho Procesal, mi principal aportación es el libro sobre el embargo, fruto de mi tesis doctoral. Por lo demás, el estudio de la ejecución procesal civil ha sido la línea de investigación fundamental que he seguido en este ámbito de la doctrina jurídica. Creo que el investigador no es una máquina programada. Despertado el interés por un tema, sólo el tiempo y demás circunstancias vitales señalarán el fin de ese interés. Reconozco que la inicial afición al tema de la ejecución se ha mantenido hasta ahora mismo. De hecho, los dos últimos trabajos procesales que he publicado pertenecen a esta materia.

Por otra parte, cuando inicié mi investigación sobre el embargo, el tratamiento doctrinal de la ejecución procesal se hallaba en clara desventaja frente al proceso declarativo. Esta diferencia no se ajustaba a la importancia de la materia. En la ejecución, más que en ninguna otra esfera del proceso, es donde se pone a prueba la real efectividad del sistema procesal, y con él la de todo el ordenamiento. Y, si el panorama doctrinal era el descrito, no le iba a la zaga el tratamiento legal y jurisprudencial de la ejecución. En fin, la ejecución procesal civil, por hallarse a caballo entre varias ramas del derecho, ofrece un punto de mira privilegiado para examinar las relaciones entre derecho y proceso, pero, al mismo tiempo, su estudio obliga a adentrarse en múltiples parcelas jurídicas extraprocesales.

No obstante, la aproximación primera al estudio de la ejecución procesal civil no obedeció a una iniciativa mía, sino que la idea partió, una vez más, de mi maestro, el profesor Ramos. Después de obtener la beca del Ministerio, llegó la hora de elegir tema para mi tesis doctoral. Mi maestro, en vez de sugerirme algún tema sencillo que pudiera desarrollarse en pocos años, me propuso como tema de tesis el embargo ejecutivo civil, una materia endiabladamente difícil, y que además planteaba un problema añadido. En efecto, aunque, como te he dicho, en aquel tiempo la bibliografía española sobre la ejecución procesal civil era escasa, el tema del embargo contaba con una obra magistral, de la que era autor el profesor Jorge Carreras Llansana. Bien es cierto que esa obra estaba obsoleta en diversos aspectos, porque se había publicado en 1957, es decir, casi un cuarto de siglo antes.

Por otra parte, se suscitaban otros riesgos. Carreras era el maestro de Miguel Ángel Fernández, y ambos mantenían unas relaciones conflictivas con Ramos y con el maestro de éste, el profesor Manuel Serra Domínguez. De esta forma, cualquier observador que conociera la situación, que realmente era conocida por todo el gremio de procesalistas, podía suponer que el intento de hacer una tesis doctoral sobre el embargo venía a ser un desafío a uno de los maestros procesalistas más destacados e influyentes.

Con la ingenuidad que dan la juventud y la inexperiencia, acepté hacer la tesis sobre el tema del embargo. Aún hoy no sé muy bien cómo fui capaz de salir adelante, aunque el reto me costó mucho esfuerzo y sufrimiento, y casi el doble de tiempo que solía durar la elaboración de las tesis doctorales en aquella época. No hablo en sentido metafórico. En algunos de los momentos de colapso mental, me encontré llorando a lágrima viva sobre mi máquina de escribir, una Olivetti. Animado por el deseo de mejorar la investigación, tenía la idea de continuar trabajando en la tesis. Mi empeño en seguir profundizando en el tema puso a prueba la paciencia, que se reveló casi inagotable, de más de uno, y, antes de nadie, la de mi director de tesis, el profesor Ramos. Se resolvió el problema por vía, digámoslo así, transaccional: yo presentaría la tesis a lectura, y, a cambio, nada me impediría seguir investigando después en el tema cuanto quisiera. Debo añadir que, en la misma época en que hice mi tesis, mi amigo y compañero Just Franco estaba elaborando la suya sobre el procedimiento de apremio, un tema complementario al embargo. Esto nos sirvió de ayuda mutua. Ambos recordamos aún las muchas horas de discusiones y debates doctrinales, que comenzaban en el despacho compartido de la Facultad y continuaban en el parking. Just Franco trabajó con más rapidez, y defendió su tesis dos años antes que yo.

El caso es que el tema de la ejecución procesal civil acabó gustándome mucho, y he seguido trabajando sobre él. También ha ayudado el hecho de que mi libro sobre el embargo tuviera bastante buena acogida en la doctrina y, sobre todo, en la jurisprudencia y la práctica. Además, ha servido de apoyo a trabajos posteriores referidos a aspectos específicos del embargo. A su vez, aunque yo no participé en la elaboración de la vigente Ley de Enjuiciamiento Civil (su principal autor es el insigne procesalista Andrés de la Oliva, discípulo también de Carreras), este texto legal acogió algunas de las propuestas doctrinales defendidas en mi obra sobre el embargo y atinentes a puntos nucleares de esta institución.

Debo añadir que, aparte de mis trabajos de investigación, hay otra faceta de mi trayectoria jurídica de la que estoy especialmente satisfecho. Me refiero a la labor de difusión de la doctrina procesal a través de la revista *Justicia*, que es la revista procesal más antigua de las que se publican en España, y que, desde 2012, vengo codirigiendo con mis compañeros y amigos Joan Picó y Vicente Pérez Daudí, que sustituyó a Just Franco.

E.F. En el ámbito de la teoría del proceso ¿Cuáles crees que han sido tus principales aportaciones? ¿De cuáles te sientes más satisfecho? ¿No te preguntas a veces qué quedará de todo tu trabajo de investigación y de tus publicaciones?

M.C. La idea de teoría del proceso tiene dos significaciones distintas. En sentido estricto se refiere a los tradicionalmente considerados conceptos fundamentales del Derecho procesal: la acción, la jurisdicción y el proceso. En sentido más amplio comprende el estudio de la regulación general de cada tipo de proceso. En este significado se habla de teoría general del proceso civil, o del proceso penal, y así sucesivamente.

El ámbito de los conceptos procesales esenciales es una materia que tuve que abordar por escrito en la Memoria pedagógica que presenté al concurso para la cátedra de Derecho procesal de la Autónoma. En aquella época los procesalistas mantenían la tradición de incluir en las respectivas Memorias pedagógicas un apartado dedicado específicamente a que el candidato presentara su concepción sobre las nociones fundamentales de la disciplina. Después de superado el concurso, mi maestro, el profesor Ramos, me aconsejó publicar una síntesis de esa parte de la Memoria. Pero no lo hice, porque mi concepción sobre las nociones básicas del Derecho procesal coincidían, en lo esencial, con las ideas defendidas por el profesor Ramos, más allá de tales o cuales aspectos secundarios. Es decir, pensé que no valía reiterar lo que ya estaba dicho y mejor dicho. No obstante, un brevísimo resumen de mi postura sobre estas cuestiones figura en el capítulo primero de mi manual *Introducción al enjuiciamiento civil*.

A su vez, en el campo de la teoría general del proceso civil, creo que las aportaciones más relevantes son las correspondientes al análisis del proceso de ejecución, en concordancia con mi principal línea de investigación.

Me preguntas si me planteo a veces el interrogante de qué quedará de todo mi trabajo de investigación y de mis publicaciones. Por supuesto que me planteo esa cuestión. Y la respuesta es bien sencilla: nada, no quedará nada. Al cabo de no demasiado tiempo, se habrá olvidado mi nombre; mucho más mis obras. Recuerda que ya el Eclesiastés se preguntaba: «¿qué provecho tiene el hombre de todo su trabajo con que se afana debajo del sol?» Y se respondía: «miré todas las obras que se hacen debajo del sol, y todo ello es vanidad, humo».

A pesar de todo, creo que, mientras podamos, tenemos que seguir afanándonos. Acuérdate también de la parábola bíblica de los talentos, es decir, la exigencia de que cada cual desarrolle los dones que ha recibido en proporción a la medida en que se le han concedido. En la parábola, incluida en el Evangelio de Mateo, un hombre, antes de partir para un largo viaje, reparte su hacienda entre sus tres criados, otorgándoles cinco, dos y un talentos (la antigua moneda bíblica), respectivamente. A su regreso elogia a los dos primeros por haber obtenido el doble de lo que se les dio, y reprocha al tercero, que tuvo miedo y enterró su talento, no produciendo nada. Me he acordado de esta parábola, porque el gran procesalista italiano Salvatore Satta decía que, cuando le tocara rendir cuentas, sólo podría presentar como mérito algo tan ridículo como son los libros de procedimiento civil, pero que éstos eran los talentos que se le habían confiado, por lo que esperaba merecer un juicio favorable.

E.F. A menudo los llamados científicos puros nos preguntan en qué consiste la investigación en el campo del Derecho. Nosotros, los juristas, hablamos con naturalidad de la «doctrina jurídica», y también de la «dogmática», quizá sin darnos cuenta de la carga que tienen estas expresiones para los no juristas. Uno podría pensar que la labor del jurista no tiene en cuenta la realidad y está más cerca del teólogo que del científico. ¿Estarías de acuerdo? ¿O crees que nuestra tarea es esencialmente práctica?

M.C. Como dices, resulta difícil explicar a los legos en Derecho en qué consiste la investigación jurídica, porque, entre otras cosas, tampoco los investigadores jurídicos nos ponemos de acuerdo sobre esta cuestión. Para empezar, aunque a efectos oficiales de concesión de tramos (los sexenios de investigación), elaboración de proyectos financiados, acreditación del profesorado, etc., tengamos que seguir hablando de investigación jurídica, seguramente otros términos, tales como estudios jurídicos o análisis jurídico, son más exactos que el de investigación jurídica. La búsqueda de la verdad, que es el rasgo caracterizador de esa actividad a la que llamamos investigación, no está presente en los estudios jurídicos, por más que algunos estudiosos crean que están persiguiendo ese objetivo. No es investigación en sentido estricto, ni mucho menos investigación científica. En general, se acepta la idea del filósofo de la ciencia y politólogo Karl Popper conforme a la que una proposición puede considerarse científica cuando es falsable, es decir, cuando eventualmente puede ser refutada por datos empíricos. Las construcciones doctrinales jurídicas no son falsables en este sentido. Ahora bien, hay que hacer una aclaración inmediata sobre este punto. El hecho de que los estudios jurídicos no sean propiamente investigación científica no implica que esos estudios no puedan ser útiles.

A mi juicio, lo estudios jurídicos tienen tres componentes fundamentales. Ante todo, está la dogmática jurídica, mediante la que se intenta hacer una reconstrucción sistemática del ordenamiento jurídico o de un sector del ordenamiento. Es una actividad que, si se hace bien, cumple una importante función social: facilitar el conocimiento y la aplicación del Derecho a los profesionales jurídicos. La formulación de conceptos y principios o directrices generales que sirvan de premisas en esa labor de sistematización es algo esencial para la dogmática jurídica. Te cuento una anécdota que, según creo, puede ser ilustrativa y que se atribuye al gran jurista italiano Francesco Carnelutti, que tenía fama de emitir dictámenes jurídicos muy caros. Uno de sus clientes, que era ingeniero y le pedía asesoramiento jurídico con frecuencia, se dijo: si el Derecho está en las leyes, lo que tendré que hacer es aprenderme las leyes y evitarme así las costosas facturas de Carnelutti. Pero enseguida se dio cuenta de que, a pesar de haberse aprendido de memoria el Código Mercantil, no era capaz de resolver los problemas jurídico-mercantiles que se le planteaban. Se quejó de esta dificultad ante Carnelutti, que le dijo: sabes la ley, pero no sabes Derecho, porque te falta el dominio de los conceptos y principios jurídicos. Bien entendido que el riesgo que se debe eludir en este terreno es el conceptualismo exagerado, o sea, la creación de conceptos que carecen de utilidad para comprender el ordenamiento jurídico. Sobre esto, sobre los abusos del conceptualismo jurídico, sigue siendo una lectura obligada la obra clásica de Ihering *Bromas y veras en la jurisprudencia*. Una obra llena de sabiduría y, al mismo tiempo, amenísima.

Un segundo elemento relevante de los estudios jurídicos consiste en la formulación de propuestas de solución de problemas jurídicos prácticos, que pueden ser de mayor o menor alcance, naturalmente. También esta faceta tiene utilidad social, porque puede ayudar a los aplicadores del Derecho a orientarse en su trabajo. Por otra parte, esta parte de los estudios jurídicos puede convivir con la dogmática jurídica en un mismo libro o artículo, pero sin confundirse entre ellos. Donde quizás se vea más claro lo que acabo de decir es en los trabajos dedicados a comentar un texto legal. El comentarista hace dogmática, porque intenta desentrañar el entramado de conceptos y principios generales que subyacen a aquella regulación, pero, a la vez, trata de formular propuestas de solución a cuestiones jurídicas que ya se han suscitado o que él mismo se plantea.

En fin, los estudios jurídicos también incluyen la elaboración de propuestas de regulación legal, propuestas *de lege ferenda*. Esta actividad puede tener una naturaleza eminentemente técnica. Pongo un ejemplo: propuestas de regulación de los actos de comunicación procesal que mejoren la eficacia de esos actos. Pero también puede ocurrir que las propuestas *de lege ferenda* tengan una composición mixta, que abarque aspectos jurídicos e ideológicos en sentido amplio. No debemos tener miedo a reconocer este extremo. De todos modos, no siempre es fácil trazar fronteras entre lo jurídico y lo ideológico. Te pongo un ejemplo de mi experiencia. Como sabes, en los años que siguieron a la crisis económica de 2008, se produjo un impago masivo de deudas hipotecarias, por lo que las entidades financieras promovieron miles y miles de ejecuciones hipotecarias, en las que ellas mismas se adjudicaban las viviendas de los deudores por el 50% de su valor de tasación, como les permitía la ley. La Comisión de Normativa del Colegio de la Abogacía de Barcelona, presidida por el actual Decano don Jesús Sánchez, me pidió que les ayudara a formular propuestas de modificación del procedimiento de ejecución hipotecaria, que pensaban llevar a los diversos grupos parlamentarios del Congreso de los Diputados. Una propuesta que formulamos desde la Comisión de Normativa fue que se debía incrementar el porcentaje de adjudicación de la vivienda habitual del deudor. El caso es que en línea con lo que proponíamos, se modificó el correspondiente precepto legal, y ese porcentaje pasó a ser el 70%. En esa propuesta latía una valoración negativa de las adjudicaciones que estaban haciendo las entidades financieras por la mitad del valor de tasación. Pero había también un intento de atenuar el abuso jurídico que suponían aquellas adjudicaciones, porque el valor de tasación de las viviendas había sido fijado por los peritos de las propias entidades financieras.

E.F. Como es sabido, en tu actividad investigadora también te has dedicado a la Historia de Derecho, ¿podrías explicar cuáles son, a tu juicio, las similitudes y diferencias en la investigación en los dos campos? ¿Cuál ha sido más gratificante para ti?

M.C. La principal diferencia entre la investigación jurídica y la histórico-jurídica radica en que, en esta última, se intenta averiguar lo ocurrido realmente en el ámbito del Derecho histórico en sus distintas vertientes: legislación, jurisprudencia, pensamiento jurídico o incluso en las trayectorias de juristas del pasado. Esto es algo que resulta ajeno a la investigación jurídica en sentido estricto, como he tratado de poner de manifiesto. En cuanto a la semejanza más importante, creo que se encuentra en los aspectos metodológicos. La construcción y la interpretación jurídica se asientan en el uso de argumentos racionales, al igual que la interpretación de los hechos históricos.

Me preguntas sobre qué tipo de investigación ha sido más gratificante para mí. Te diré que en este extremo ha habido una evolución. En las primeras décadas de mi vida académica me ha resultado más satisfactoria la investigación jurídica, aunque también en esa época hice algo de investigación histórico-jurídica. Sin embargo, en los últimos años he preferido la investigación histórico-jurídica, pero sin abandonar del todo la investigación jurídica.

E.F. Desde la Antigüedad el Derecho se ha hecho realidad a través de distintas fuentes, entendidas como formas de manifestarse o como origen último de su procedencia. También ha cumplido funciones diversas, desde la ordenación de la vida de las personas en sociedad hasta el funcionamiento del Estado moderno. Hoy vivimos en un mundo globalizado y dominado por las nuevas tecnologías, y uno se pregunta ¿cuál es el papel del Derecho en esta sociedad tan compleja? ¿Y cuál es la función de los juristas?

M.C. Creo que, en sustancia, el papel del Derecho y de sus servidores, los juristas, en esta sociedad es, o será, el mismo que ha sido siempre: ordenar la convivencia social y política, y encauzar y resolver los conflictos de intereses. Para desempeñar esta función, los juristas, además de saber Derecho, tendrán que conocer los rudimentos de las ciencias y tecnologías involucradas en los casos que deban resolver o en los temas que estén llamados a regular. Por ejemplo, un abogado que se dedica a temas de patentes farmacológicas, además de conocer la legislación, la jurisprudencia y la doctrina jurídica sobre esa materia, deberá dominar las nociones básicas farmacológicas acerca del contenido de la patente sobre las que tenga que trabajar profesionalmente. Pero esto tampoco es nuevo. A los juristas medievales, aparte de saber Derecho, les bastaba la pluma, el papel y poco más. Posteriormente, los juristas tuvieron que aprender a manejar otras herramientas tecnológicas: la máquina de escribir, el teléfono, después el ordenador, etc. En el futuro inmediato deberán familiarizarse con otros instrumentos más sofisticados, pero, en esencia, no cambia la cuestión.

E.F. Bueno, yo me refería en primer lugar a la gran complejidad que han adquirido los ordenamientos jurídicos en el siglo XXI. Y, en segundo lugar, a la aparición de nuevas tecnologías que permiten su conocimiento y estudio como nunca antes en la historia. Pero no solo el acceso a las fuentes, sino el análisis y elaboración de textos jurídicos a través de la IA, que ya es utilizada por los abogados y por los mismos jueces en sus respectivas tareas. Según lo que has explicado antes sobre tu concepción del Derecho procesal, ¿no crees que estas tecnologías van a suponer su transformación en poco tiempo?

M.C. No quiero incurrir en previsiones imprudentes al contestarte a esta pregunta, porque no soy un experto en inteligencia artificial y en las otras nuevas tecnologías que mencionas. Para hacer un pronóstico fundado, debería conocer mejor esta materia. No obstante, si tengo que atenerme a lo que dicen los expertos, o los que pasan por expertos, la inteligencia artificial revolucionará el quehacer de los juristas en cuanto al acceso a las fuentes y al tratamiento de textos jurídicos. Baste pensar, por ejemplo, en algo que ha sido y sigue siendo tan importante como la búsqueda de datos jurisprudenciales relevantes para un caso concreto. Es una actividad a la que, en un bufete de abogados, se pueden dedicar muchas horas de trabajo, y que un programa de inteligencia artificial puede hacer en muy poco tiempo.

Pero en este punto hay un aspecto novedoso muy importante, incluso desde el punto de vista constitucional. Hasta ahora los jueces se han servido de las tecnologías existentes en cada momento histórico. Esto les ha ayudado a hacer su trabajo. Pero lo esencial de su quehacer, es decir, el enjuiciamiento de los casos concretos sometidos a su conocimiento, ha continuado siendo una labor personal del juez. Por el contrario, la irrupción de la inteligencia artificial representa, al decir de los expertos, un salto cualitativo en este terreno, porque el juez estará en condiciones de confiar a la inteligencia artificial el enjuiciamiento total o parcial de los casos, de manera que, si esto es así, se producirá una auténtica sustitución del juez por la inteligencia artificial en la creación de las normas específicas que regirán en el caso concreto de que se trate. Dicho en otras palabras: quien resolverá el caso concreto no será el juez, como exige la Constitución, sino el autor del algoritmo utilizado por el juez, y basado en casos anteriores que, tal vez, no contemplen con exactitud la singularidad del nuevo caso a resolver.

No deja de ser sarcástico que, después de estar debatiendo los juristas durante décadas y décadas acerca de si el juez crea derecho en el proceso o, por el contrario, se limita a aplicar el ordenamiento jurídico que esté vigente, resulte que el enjuiciamiento del caso lo haga el algoritmo.

E.F. En tu trayectoria académica se puede ver que a partir de un momento, sin abandonar la dogmática procesal, tu interés se va desplazando del Derecho a la historia, y empiezas a publicar trabajos que se podrían encuadrar en la historia del Derecho, cuyo gremio hoy ya te reconoce como uno de sus miembros. ¿Por qué ese cambio de interés? ¿Por cansancio del Derecho? ¿Por esa primera inclinación, descartada en su momento, y que retomas en tu madurez? ¿O porque nunca dejaste la Historia a pesar de dedicarte al Derecho Procesal?

M.C. El desplazamiento del centro principal de interés desde la dogmática procesal a la historia del Derecho Procesal no obedeció a una sensación de cansancio, de hartazgo, por seguir estudiando el Derecho. Lo cierto es que, como dices, nunca he abandonado del todo la investigación jurídica.

En ese cambio de interés al que te has referido influyó, sin duda, el hecho de que nunca dejé de lado mi querencia por la historia en general y por la historia procesal en particular, como tú has sugerido. Pero el motivo fundamental ha sido otro. Me pareció que con estos estudios histórico-jurídicos podía ayudar a que se tuviera un conocimiento más completo de los diversos procesalistas españoles de nuestro pasado reciente. Cuando empecé mis investigaciones sobre esta materia, había unas enormes lagunas de conocimiento en ese ámbito. Desde luego, contábamos con algunos trabajos magníficos, que me fueron muy útiles: el estudio pionero de Montero Aroca sobre Francisco Beceña y otros trabajos del propio Montero Aroca, la obra de mi maestro, Ramos Méndez, *Bibliografía procesal española (1978-2000),* que incluye numerosas referencias sobre la evolución histórica de la doctrina procesal española, y también varias aportaciones de Alcalá-Zamora y Castillo y Víctor Fairén Guillén. Pero estos trabajos, y alguno más, no dejaban de ser honrosas excepciones dentro del panorama general.

Además, dejando aparte las excepciones mencionadas, lo poco que se había escrito sobre nuestros procesalistas antiguos procedía, sobre todo, de libros de homenaje y de necrológicas, y tenía un tono general laudatorio, separándose con frecuencia de la realidad histórica. En otras ocasiones la información que se ofrecía acerca de algunos procesalistas omitía datos históricos que era posible obtener con la consulta de los archivos públicos.

En relación con esto último, debo añadir que mi proyecto de investigación, tal como lo concebí, no sólo intentaba ampliar el conocimiento sobre nuestros antiguos procesalistas, sino que mi intención era conseguir ese objetivo aportando una innovación metodológica completa respecto de los estudios elaborados por los procesalistas en este ámbito. En efecto, me pareció importante aproximarme al estudio de los antiguos procesalistas tomando como base fundamental la búsqueda y el análisis de la información que pudieran contener los archivos públicos acerca de nuestros antepasados, nuestros *Patres,* por servirme de una denominación que utilizó el añorado procesalista italiano Franco Cipriani. Al comenzar estos estudios, no tenía ni la menor idea sobre el trabajo en archivos, por lo que tuve que aprender sobre la marcha los rudimentos de esta labor. No fue algo fácil para un jurista, como es mi caso.

Llegados a este punto, debo expresar mi agradecimiento a dos personas: el amigo Carlos Petit, que me animó desde el principio a adentrarme en estas investigaciones, y a Franco Cipriani, cuyos trabajos sobre los procesalistas italianos clásicos han servido de modelo para mis estudios. La primera obra de Cipriani sobre los procesalistas italianos antiguos llevaba por título *Storie di processualisti e di oligarchi. La procedura civile nel Regno d'Italia (1866-1936)*. No es casualidad que mi primer libro de historia procesal se titule *Historias de procesalistas, universidades y una guerra civil (1900-1950)*.

Por cierto, tengo que decir que la relación que mantuve con Franco Cipriani es más propia de otro tiempo, de siglos pasados. No nos llegamos a conocer personalmente. Nunca llegamos a tener una conversación, ni siquiera por vía telefónica. Nuestras comunicaciones se circunscribieron al ámbito epistolar, aunque entendido este concepto en sentido actual, incluyendo, por tanto, la correspondencia tradicional y el correo electrónico. Aun así, llegamos a trabar una cordial amistad.

Pocas semanas antes de su fallecimiento, producido en abril de 2010, le había enviado un trabajo para su eventual publicación en la revista que él había fundado y dirigía: *Il giusto proceso civile*. Me contestó diciéndome que el artículo aparecería en el último número de 2010. Al cabo de unos pocos días, leí en internet que Cipriani había fallecido.

En la reseña elogiosa y, a la vez, generosa que publicó César Hornero sobre mi libro, decía que yo era el Cipriani español. Es algo que me enorgullece, como también lo es que los historiadores del Derecho hayan tomado en consideración mis trabajos histórico-jurídicos.

E.F. Si uno lee tus obras de historiador, advierte que más que la historia de las ideas (en este caso de la doctrina procesal), te ha interesado sobre todo la historia de las personas. Al menos eso se podría deducir de los títulos de tus publicaciones: *Historias de procesalistas, Universidades y una guerra civil*; *Memoria de procesalistas*; *Otras historias de procesalistas y del proceso*; además de las biografías de procesalistas (*Francisco Beceña: un procesalista de primera hora*), jueces (*José María Álvarez Martín y Taladriz*) o catedráticos. Es cierto que en estas obras figuran trabajos sobre libros, traducciones o leyes, pero la mayoría están dedicados a juristas. ¿Es correcta esta impresión? Si lo es ¿Por qué has cultivado esta historia del Derecho? Podría decirse que, en general, ¿te han interesado más los juristas que su pensamiento?

M.C. En esencia, es correcta tu impresión. Aunque he procurado analizar también la obra de los procesalistas que he estudiado, me han interesado más su trayectoria personal y académica. Puede parecer paradójico, pero creo que la mejor forma de conocer el pensamiento de un procesalista, o de un jurista en general, es poner en relación su obra con su itinerario vital: con qué profesores estudió, quiénes fueron sus maestros, cómo le influyeron éstos, qué gravitación tuvo sobre sus discípulos, cómo accedió a la cátedra, o por qué no llegó a ser catedrático, y así sucesivamente.

Además, el conocimiento sobre esos temas y otros similares, cuando abarca a los procesalistas más significativos de un concreto periodo histórico, proporciona el panorama general de la doctrina procesal de ese periodo.

El estudio de la trayectoria vital de los procesalistas españoles que han tenido más influencia en nuestra historia reciente muestra bien a las claras un aspecto que ya hemos comentado: la importancia del azar en este ámbito, como ocurre con otros sectores de la vida humana. Los jóvenes procesalistas españoles de entreguerras contaron a su favor con una ventaja de la que no habían disfrutado sus antecesores, como fue la posibilidad de obtener becas de la Junta para Ampliación de Estudios e Investigaciones Científicas para estudiar con los mejores maestros europeos de su tiempo. Ese organismo creado en 1907, presidido formalmente por don Santiago Ramón y Cajal, pero dirigido de hecho por el secretario José Castillejo, revolucionó la Universidad española con el otorgamiento de becas a jóvenes universitarios para ampliar estudios en el extranjero.

Por un cúmulo de circunstancias, la doctrina procesal había tenido un desarrollo espléndido en Alemania durante las últimas décadas del siglo XIX. Pero, a partir de la segunda década del siglo XX, coincidieron en Italia unos cuantos procesalistas de categoría excepcional, que, si bien estaban muy influidos por el procesalismo alemán, lograron que la vanguardia de la doctrina procesal se hubiera desplazado a Italia. Son, entre otros, los Chiovenda, Carnelutti, Redenti y Calamandrei. Y precisamente se dio la casualidad de que las primeras becas para ampliar estudios de Derecho Procesal se concedieron a finales de la segunda década y principios de la tercera del siglo pasado, por lo que los jóvenes procesalistas becados se dirigieron, sobre todo, a las universidades italianas en las que enseñaban aquellos grandes maestros, aunque también hubo algunos que prefirieron estudiar en Alemania con los brillantes procesalistas que seguían trabajando en las universidades de este país.

Lógicamente, a su regreso a España, esos procesalistas enseñaron los métodos y la doctrina procesal que habían aprendido en Italia y Alemania, cambiando radicalmente el paradigma doctrinal que había regido en esta disciplina en la Universidad española hasta entonces, temas este sobre el que volveré.

No es posible hacerse una idea, ni siquiera aproximada, de la evolución histórica de la doctrina procesal española contemporánea sin conocer las trayectorias vitales de aquellos procesalistas.

En su reseña sobre la obra de Sosa Wagner *Maestros alemanes del Derecho público*, dice Juan Antonio García Amado: «*que alguien del prestigio y bien ganada fama de Sosa Wagner se entregue a la paciente y erudita reconstrucción de la obra y la biografía de los grandes iuspublicistas alemanes, que tanto han marcado la pauta del Derecho contemporáneo en todo el mundo, dice mucho de un modo de concebir la teoría jurídica muy alejado de la descontextualizada y fría enumeración de normas y conceptos, tan habitual en nuestras malhadadas Facultades de Derecho, y da testimonio de algo que debería ser nuestra consigna primera: que ni los conceptos jurídicos caen del cielo (esto ya lo dijo el segundo Jhering, sí, pero con poco éxito en nuestras Facultades) ni las normas las inventan angelitos o demiurgos jurídicos, sino que unos y otras son fruto de la historia, los intereses, las contiendas y la vida, en suma, y que nada se entiende verdaderamente de aquello si no se sabe algo de esto otro; que no hay del Derecho mayor ignorante que el que recita artículos y sentencias sin tener ni lejana idea de su origen y su porqué*». Comparto totalmente la opinión del profesor García Amado.

Y, por cierto, tu último y magnífico trabajo publicado, relativo al perfil del primer juez constitucional (*Teoría y Realidad Constitucional*, num.53, 2024) me parece que sigue una orientación metodológica similar.

Debo añadir otro punto que, personalmente, me causa desazón. Cuando uno lee biografías de juristas franceses, italianos o alemanes, se da cuenta de la exactitud y respeto con los que están tratados todos los datos y circunstancias fundamentales de la vida de esas personas. Sin embargo, en España es posible encontrarse con biografías de juristas de primera línea que contienen omisiones y errores sobre datos básicos. Te pondré dos ejemplos de mi experiencia.

Entre los estudiosos hay unanimidad en que el procesalista español más relevante del siglo XIX fue don José de Vicente y Caravantes. En todas las notas biográficas que se habían publicado sobre él, se había venido diciendo que nació en torno a 1820. Y así lo sigue indicando el Catálogo de la

Biblioteca Nacional de España. Me disgustaba que no se precisara con exactitud un dato tan sencillo y elemental. Algo que es impensable en una biografía sobre un jurista francés, alemán o italiano. Y Caravantes no es cualquier jurista. Caravantes ha sido el procesalista más influyente en Latinoamérica. Me puse a indagar en los archivos públicos. Y al final di con un expediente académico sobre Caravantes en el que figura la fecha exacta de su nacimiento. Pero no he conseguido hacérsela llegar a la Biblioteca Nacional. Algo similar ocurría con Juan Acedo Rico, conde de la Cañada, que fue el procesalista español más destacado del siglo XVIII. Las biografías sobre él, entre las que figura la que le ha dedicado el Diccionario Biográfico de los Españoles de la Real Academia de la Historia, discrepaban sobre la fecha de nacimiento. Después de una laboriosa averiguación, conseguí encontrar la inscripción de bautismo, en la que se indica la fecha de nacimiento. Esta desidia me molesta mucho.

E.F. Constatado el viraje hacia la Historia, y confirmada la opción por el estudio de los juristas, queda por corroborar otra impresión. Tus trabajos abordan un período —la primera mitad del siglo XX, especialmente la Segunda República y la Guerra Civil— y se fijan en algunos aspectos biográficos, como las vicisitudes de la vida académica. Si es correcta esta impresión, ¿por qué centras tus estudios en ese momento de la Historia de España? ¿Y por qué te atraen las vicisitudes académicas, judiciales o incluso políticas de los juristas que eliges?

M.C. En efecto, he centrado mi labor historiográfica en los años inmediatamente anteriores a la guerra civil, incluidos los correspondientes a la Segunda República, la época de la guerra civil y los primeros años de la postguerra, aunque también he dedicado algunos trabajos a periodos históricos más antiguos.

Esa elección obedece a varios motivos concurrentes. El principal estriba en que es en el periodo previo a la guerra civil cuando se produjo una profunda renovación de los estudios procesales en España, hasta el punto de que este cambió implicó una sustitución del paradigma doctrinal, como te he dicho al contestar a la pregunta anterior. Los rasgos esenciales que caracterizan esa renovación, y que en lo esencial se mantienen vigentes hoy día, son los siguientes.

En primer lugar, se introdujo un cambio de método en el estudio de las cuestiones jurídicas relativas a los procesos judiciales, de manera que el tradicional método exegético, consistente fundamentalmente en la interpretación literal de las normas legales reguladoras de los procedimientos judiciales, fue sustituido por el método dogmático o sistemático, en el cual, partiendo del contenido de aquellas normas legales, se llevan a cabo operaciones de abstracción e inducción, dirigidas a inferir y enunciar los conceptos y principios generales en los que se inspira el derecho positivo, a fin de que esos conceptos y principios generales sirvan, a su vez, de premisas desde las que se puedan extraer, a través del correspondiente proceso de deducción lógica, soluciones para los concretas problemas jurídicas que se plantean en la realidad.

Asimismo, el nuevo enfoque de los estudios procesales vino a distinguir en los litigios civiles dos clases de relaciones jurídicas: por una parte, estaría la relación jurídica a la que se refiere o sobre la que versa el proceso judicial, la cual es una relación que media entre la parte demandante y la parte demandada, y está regida por normas sustantivas de Derecho privado; por otro lado, existiría la relación jurídica procesal, cuyos sujetos son las partes procesales y un órgano público, o sea, el órgano judicial, y que está regida por normas de Derecho público.

En fin, la nueva orientación de los estudios procesales dio una nueva configuración a la acción judicial, de suerte que ésta ya no sería una simple facultad integrante o dependiente del derecho subjetivo privado que se hace valer en el proceso judicial, como venían sosteniendo las concepciones predominantes con anterioridad, sino que la acción constituiría un derecho autónomo y distinto de ese derecho subjetivo privado. Ese derecho autónomo sería el derecho de acción. Por cierto, el trabajo doctrinal relativo al derecho de acción sería aprovechado posteriormente por la jurisprudencia constitucional para elaborar el contenido del derecho a la tutela judicial efectiva.

Esa renovación de la doctrina procesal fue protagonizada por un grupo de procesalistas jóvenes, encabezados por Francisco Beceña, el procesalista español más importante de antes de la guerra civil, asesinado al comienzo de la contienda bélica cuando sólo tenía 46 años, y Josep Ramon Xirau Palau, catedrático de la disciplina en la Universidad de Barcelona, que tuvo que exiliarse al final de la guerra y poco después abandonó los estudios procesales. Junto a ellos hay que mencionar a algunos más jóvenes, como Emilio Gómez Orbaneja y Leonardo Prieto-Castro, discípulos de Beceña, y Niceto Alcalá-Zamora y Castillo, hijo del primer Presidente de la Segunda República. Por cierto, Gómez Orbaneja fue una especie de antecesor tuyo, porque ejerció el cargo de secretario de sección del Tribunal de Garantías Constitucionales, con unas funciones similares a las que tú desempeñaste como Letrado del Tribunal Constitucional. Además, hubo otros jóvenes profesores de Derecho Procesal que colaboraron en el cambio de los estudios procesales pero que, por un cúmulo de desgracias, no lograron llegar a ser catedráticos. Es el caso de José Casáis Santaló, Agustín Íscar Alonso y Javier Malagón Barceló.

La renovación de la doctrina procesal, iniciada antes de la guerra, se consolidó en los años de la primera postguerra, gracias a procesalistas aún más jóvenes, como Jaime Guasp, discípulo también de Beceña, y Víctor Fairén Guillén, discípulo de Prieto-Castro. Todos estos son los procesalistas sobre los que ha versado la mayor parte de mis trabajos histórico-jurídicos.

Otra razón para focalizar mis estudios de historia procesal en el periodo al que hemos hecho alusión radica en el impacto terrible que nuestra última guerra civil tuvo en la evolución de la doctrina procesal española.

En los años que precedieron a la guerra civil, nuestra doctrina procesal, como ocurrió en muchas otras disciplinas, había alcanzado un extraordinario desarrollo, nunca antes visto en la Universidad española. El mazazo demoledor que la guerra civil supuso para la Universidad española resulta aterrador en el ámbito de los estudios procesales. Al comienzo de la guerra civil, había doce Facultades de Derecho en España, con otras tantas cátedras de Derecho Procesal, de las que dos estaban vacantes. Por lo tanto, eran diez los catedráticos de Derecho Procesal que estaban en activo. Si se hace un breve recuento de esos diez catedráticos al término de la guerra, resulta lo siguiente: Beceña fue asesinado al poco de iniciarse la guerra civil. Se tuvieron que exiliar Xirau, Alcalá-Zamora, Gabriel Bonilla y Rafael de Pina. Todos ellos fueron sancionados con la separación del servicio. También fue privado de su cátedra Francisco Marcos Pelayo, que murió pocos años después de finalizar la guerra, y Gómez Orbaneja, aunque éste consiguió ser reintegrado en el escalafón de catedráticos, pero con la sanción de traslado forzoso a la Universidad de Salamanca, perdiendo la cátedra de la Universidad de Valladolid, de la que era titular antes de la guerra. Así pues, sólo tres catedráticos de Derecho Procesal se mantuvieron incólumes en sus respectivas cátedras. En cuanto a los profesores auxiliares de Derecho Procesal, uno de ellos, Federico Landrove, que enseñaba en la Universidad de Valladolid y era diputado socialista, fue fusilado. Otros varios fueron expulsados de la Universidad.

El desastre de la guerra hizo posible que en la primera postguerra accedieran a las cátedras de Derecho Procesal que estaban vacantes, mediante oposiciones que se denominaron «patrióticas» porque los méritos de guerra de los opositores eran determinantes del resultado, varios aspirantes mediocres que, de no haber mediado la guerra, muy difícilmente habrían podido ser catedráticos. Esto no quiere decir que no hubiera excepciones. De hecho, en los años cuarenta del siglo pasado ingresaron en el escalafón de catedráticos dos de los procesalistas más brillantes del siglo xx: Guasp y Fairén.

A mi juicio, las trayectorias personales y académicas de todos estos procesalistas merecen ser estudiadas.

E.F. La historia suscita últimamente controversia en muchos países, especialmente en aquéllos —la mayoría— que tienen un «pasado sucio», por utilizar la expresión que aparece en la obra de Álvarez Junco (*¿Qué hacer con un pasado sucio?*). Se retiran estatuas, se cancelan personajes históricos, se asumen culpas por injusticias de hace siglos, se fomentan las exhumaciones de víctimas bélicas, se promulgan leyes sobre la llamada «memoria histórica», etc. Hace poco hemos asistido incluso a un curioso conflicto constitucional entre la ley de memoria del Estado y las leyes de algunas Comunidades Autónomas. Estas políticas de la historia, o lo que también se ha llamado el Derecho de la Historia, no generan siempre consenso entre los historiadores, ni aquí ni en otros países. ¿Cuál es tu opinión sobre estas intervenciones de los poderes públicos basadas en la utilización y la (re) elaboración de la historia?

M.C. Creo que lo mejor que pueden hacer los poderes públicos en este terreno es dejar que los historiadores puedan trabajar en libertad. Después los ciudadanos podrán leer los trabajos de los historiadores y formarán sus propias conclusiones, que no tienen por qué ser inamovibles. Al fin y al cabo, la propia historiografía puede modificar los resultados de sus estudios en función de pruebas o planteamientos nuevos.

Lo que me parece muy mal es que los políticos se sirvan del pasado histórico para fines políticos actuales. No puedo dejar de sentir una fuerte repulsa cuando veo a políticos dejándose fotografiar o grabar en un osario de víctimas de nuestra última guerra civil.

También considero inútil y ridículo hacer declaraciones meramente retóricas, que desgraciadamente no pueden cambiar nuestro «pasado sucio». Por ponerte un ejemplo, ¿para qué puede servir dictar una disposición en que se condena el golpe de Estado de julio de 1936 y la subsiguiente dictadura, o se declara ilegal esa dictadura, como hacer el art. 1 de la vigente Ley de Memora Democrática? Bien se podría decir aquello de «a buenas horas, mangas verdes».

Esto no significa negar la legitimidad de los familiares y allegados de las víctimas para lograr que los restos de éstas tengan un enterramiento digno. Es algo que está en los orígenes fundacionales de la civilización humana, y que la literatura griega clásica supo expresar con belleza incomparable.

Tampoco estoy en contra de que los órganos públicos representativos puedan expresar sus preferencias simbólicas, como ocurre, por ejemplo, en la nomenclatura de las calles de una ciudad.

Pero creo que hay algunos aspectos fundamentales que conviene fomentar: por una parte, el reconocimiento, sin medias tintas, de que en este «pasado sucio» hubo víctimas en ambos bandos; por otra, debemos hacer un esfuerzo como sociedad para llegar a un relato común, por mínimo que sea.

También conviene recordar que, en su inmensa mayoría, los españoles no deseaban la terrorífica guerra civil provocada por el golpe de Estado de julio de 1936. Y, en todo caso, desde los primeros momentos existió lo que después se ha llamado la Tercera España, que no estaba formada por españoles equidistantes, sino por españoles que pensaban que la guerra no iba a resolver ninguno de los problemas de convivencia que sufría la sociedad española. Por poner el ejemplo de una persona que tú y yo admiramos, como es Chaves Nogales. Claro que era y siguió siendo republicano, pero esto no le impidió darse cuenta rápidamente de que la guerra sólo servía para agravar los problemas existentes. Y dejó testimonio escrito de esto en su célebre y escalofriante libro *A sangre y fuego. Héroes, bestias y mártires de España*, publicado en 1937. Como también era republicano el magistrado del Tribunal Supremo de la República José María Álvarez Martín y Taladriz, al que dediqué una pequeña biografía. Aprovechando su posición, ayudó a preservar la vida o la libertad de numerosas personas acusadas de apoyar al bando franquista.

Jueces, abogados y procuradores

E.F. Has hablado de una visión del Derecho Procesal que defiende el papel relevante del juez en la creación del Derecho, frente aquella concepción de Montesquieu que lo veía como un poder casi «nulo», como la «boca muda» que se limita a pronunciar la palabra de la ley. Más allá de esta comprensión de la función del juez, ejercida individualmente, es evidente que el Poder Judicial en su conjunto ha adquirido desde mediados del siglo XX un gran protagonismo en el seno del Estado Constitucional. ¿Por qué crees que ha incrementado su poder e influencia en el sistema político? ¿Qué caracteriza hoy a este poder respecto al de hace un siglo? ¿Se ha convertido realmente en un poder político?

M.C. Las causas por las que el Poder Judicial ha aumentado su poder e influencia en el sistema político son heterogéneas, pero a mí me parece que hay una que destaca sobre las demás, al menos en los orígenes de este proceso de incremento de la influencia de este Poder público: la degradación de los sistemas democráticos hasta llegar a su conversión en sistemas partitocráticos. Progresivamente los ciudadanos han ido tomando conciencia de este fenómeno. Han visto que los partidos políticos, aun siendo indispensables en una democracia, han pasado de funcionar como organizaciones que procuran, ante todo, articular políticamente la sociedad para implantar un proyecto de convivencia basado, por supuesto, en su ideología y en los legítimos intereses generales que, de acuerdo con esa ideología, prioricen los respectivos partidos políticos. Todo este aspecto, que debería ser lo fundamental en la vida de los partidos, ha quedado relegado por su afán de ocupar el aparato estatal para repartirse el «botín» directo (cargos públicos) e indirecto (negocios en los que el Estado puede influir decisivamente).

Ante este panorama, el Poder Judicial, que ya era consciente de estar dotado de *potestas*, de poder coercitivo, se percata de que la sociedad le ha ido atribuyendo una creciente *auctoritas,* una autoridad moral que ha sustraído a los partidos políticos, y que permite a los jueces adoptar decisiones que no hace demasiado tiempo eran inimaginables. Hace poco tiempo un tribunal penal norteamericano ha condenado a todo un expresidente de los Estados Unidos de Norteamérica. Si son correctas las informaciones que han circulado, es la primera vez que esto ocurre. Creo que es un buen ejemplo de lo que estoy diciendo.

Al contar con ese apoyo social, el Poder Judicial se siente menos vinculado al Poder Ejecutivo de lo que pudiera estarlo hace un siglo, con el consiguiente reforzamiento de su independencia a la hora de resolver los asuntos que se le plantean.

Me preguntas si el Poder Judicial se ha convertido realmente en un poder político. Creo que conviene hacer algunas distinciones previas en este terreno. De ordinario, los tribunales resuelven asuntos sin significación política directa, por lo que, respecto de esos casos, no se han transformado en poder político ni siquiera en el caso de que lo pretendieran. En este ámbito se engloban los procesos civiles, los laborales y la mayor parte de los procesos resueltos por tribunales penales o contencioso-administrativos.

Ahora bien, hay un pequeño porcentaje de asuntos penales y contencioso-administrativos que sí tienen trascendencia política, y que, por descontado, ocupan un papel prioritario en cuanto a la atención que reciben en los medios de comunicación. El Poder Judicial procura esforzarse en no aparecer en estos casos como poder político, sino como un poder sujeto exclusivamente a la ley. Pero, como te decía antes, esto es imposible, debido a la insuficiencia de la propia ley, que hace necesaria la labor creadora de los tribunales. Si un asunto no cuenta con regulación legal unívoca y completa, y tiene relevancia política, es inevitable que el tribunal que resuelve ese asunto aparezca como un poder político. Veamos una muestra. Supongamos que se presenta una denuncia o una querella contra un alto cargo público o contra algún allegado a éste. Las decisiones que se tomarán a lo largo de la primera fase del proceso, es decir, durante la investigación penal, se van a fundar en un concepto tan etéreo y nebuloso como la existencia o inexistencia de indicios racionales de criminalidad. Pero ¿cómo distinguir estos indicios de las simples sospechas o conjeturas? He leído con atención la jurisprudencia y lo que dicen al respecto los más insignes procesalistas penales, pero no he conseguido entender la diferencia. En teoría, cuando el juez se enfrenta con estos conceptos, se limita a efectuar una interpretación de la ley, pero esa absoluta indeterminación de las nociones mencionadas (y de otras que resultan decisivas en el proceso penal) crea derecho en el caso concreto. En estos casos la faceta creativa del juez es indispensable, con la consecuencia de que su actuación aparecerá como política o politizada, sea cual sea el signo de las resoluciones que adopte. Hoy mismo se ha informado de que un juez de instrucción de Barcelona ha incoado diligencias penales contra algunos de los dirigentes del *procés* por la existencia de indicios racionales de criminalidad respecto de un supuesto delito de alta traición, que quedaría excluido de la ley de amnistía. Y esto ocurre siete años después de la revuelta de 2017.

No digamos ya cuando estemos, no ante la simple actuación penal contra un cargo público, sino ante la aplicación de una ley de enorme trascendencia política, que haya sido objeto de una fuerte contestación social y que adolece de imprecisiones y ambigüedades. La intervención del Poder Judicial en ese proceso aplicativo será vista, indefectiblemente, como una actuación política. Así lo estamos comprobando ya con la aplicación de la ley de amnistía de los implicados en el *procés.*

Hasta aquí se trata de casos en los que el Poder Judicial es visto, o puede ser visto, como poder político incluso a su pesar, esto es, a causa de la insuficiencia de la regulación legal. Cuestión distinta es que el Poder Judicial, o una parte significativa de éste, adopte expresamente tal o cual postura política en un tema socialmente polémico. Esto debe ser evitado escrupulosamente, lo que, por desgracia, no siempre ocurre. En un artículo reciente el amigo Jordi Nieva, catedrático de Derecho Procesal en la Universidad de Barcelona, advertía de los graves riesgos de estos excesos, que inducirán a los ciudadanos a acabar por no confiar en nadie.

E.F. Hablemos ahora del Poder Judicial en nuestro país. Desde hace unos años, especialmente desde su intervención en el proceso secesionista en Cataluña, es objeto de constantes ataques por parte de algunos partidos, que cuestionan su independencia y lo presentan como un poder antidemocrático al servicio de la derecha. Aún hoy se recuerda que es el único poder que no se renovó durante la transición democrática, hace casi cincuenta años. Los ciudadanos tienen una percepción muy negativa de la independencia judicial en España, según los barómetros europeos. ¿Crees que esta imagen de la Justicia española se corresponde a la realidad?

M.C. El Poder Judicial existente al iniciarse la transición democrática era, con algunas excepciones, un Poder intensamente comprometido con la dictadura, que contó con un largo periodo para moldear la Judicatura a su imagen y semejanza. Y, desde luego, los tribunales, incluido el Tribunal Supremo, estaban dispuestos a complacer los deseos del Gobierno, por opuestos que fueran a las preferencias políticas del respectivo tribunal. Baste recordar el episodio de la legalización del Partico Comunista de España en 1977. La Sala Cuarta del Tribunal Supremo, que era netamente anticomunista, se inhibió respecto de la petición de legalización, pero dejó el camino expedito para que el Gobierno pudiera legalizar al PCE. Por cierto, uno de los magistrados, Manuel Gordillo, era también catedrático de Derecho Procesal y militar.

Es cierto que aquel Poder Judicial no se renovó durante la transición democrática. Seguramente no era tarea sencilla, y, en cualquier caso, resultaba más urgente asentar los otros Poderes públicos. Pero esa renovación sí podía haber sido hecha cuando el PSOE obtuvo mayoría absoluta. De hecho, se adoptaron entonces algunas medidas legislativas concretas, que no fueron suficientes. Por ejemplo, se rebajó la edad de jubilación de los magistrados con la idea de renovar la cúpula judicial. O se modificó el sistema de nombramiento de los vocales del Consejo General del Poder Judicial de extracción judicial, que pasaron de ser elegidos por los compañeros de la Carrera Judicial a ser nombrados a propuesta de las Cámaras Legislativas. También se creó una nueva modalidad de ingreso en la Judicatura, como es el llamado cuarto turno.

Pero, más allá de este último tema, no se incidió en el aspecto que, a mi juicio, es el más relevante: la selección y formación de los jueces. Más adelante volveremos a referirnos a esta importante cuestión.

Me preguntas si se corresponde a la realidad la percepción negativa que los ciudadanos españoles tienen sobre la independencia judicial en España. Se mezclan en este punto varias facetas que conviene diferenciar. En mi opinión, cuando los ciudadanos expresan sus creencias sobre la independencia judicial, están pensando, sobre todo, en el órgano de gobierno del Poder Judicial, en el Consejo General del Poder Judicial, que es el que aparece constantemente en los medios de comunicación vinculado a los enfrentamientos entre los dos partidos mayoritarios y las asociaciones judiciales afines a cada uno de estos partidos. A partir de aquí, la imagen negativa que los ciudadanos se han formado respecto del CGPJ se proyecta sobre el propio Poder Judicial propiamente dicho.

Otra confusión frecuente deriva de considerar que el Tribunal Constitucional forma parte del Poder Judicial. Desde esta premisa inexacta, y dadas la naturaleza y la relevancia políticas de muchas de las sentencias que dicta el Tribunal Constitucional, es natural que los ciudadanos piensen que el Poder Judicial está politizado. Si a esto añadimos que los medios de comunicación insisten un día y otro en que este Tribunal está dividido entre un sector progresista y un sector conservador, el caldo de cultivo para aquella distorsión es perfecto.

Por otra parte, se tiende a confundir el problema de la independencia judicial con la vinculación de los altos cargos judiciales con los partidos políticos que nombraron a los vocales del CGPJ, que, a su vez, han designado a esos cargos. Pero, en realidad, la vinculación entre magistrados y partidos políticos (y las asociaciones judiciales afines a éstos) convierte en innecesario atentar contra la independencia judicial. Los partidos no tienen por qué dirigir órdenes o instrucciones a los magistrados que ejercen en los más altos tribunales, porque esos magistrados están al cabo de la calle de lo que cada partido espera de ellos. Y, como el ser humano tiende a ser agradecido, el peligro de que los magistrados que deben su cargo a un concreto partido político (y a una determinada asociación judicial) propenda a ser más complaciente con quienes los nombraron que con los rivales políticos me parece evidente.

Dicho con otras palabras: a mi parecer, el problema verdaderamente grave no es la falta de independencia judicial, sino la vinculación de los altos magistrados respecto del partido político que los designó (y de la asociación judicial que gestionó su nombramiento). Y fíjate que me refiero a la ligazón de los jueces con tal o cual partido político, y no al hecho de que un juez comparta la ideología política de un determinado partido. Lo preocupante no es tanto la identidad de ideas como la comunidad de intereses.

De todas formas, no deja de ser significativo que, cuando se pregunta a los ciudadanos por su percepción de la Administración de justicia, su valoración sea mucho más negativa que cuando se les pregunta por sus experiencias con la administración de justicia en los casos en que han tenido que acudir a este servicio público.

E.F. Además de la percepción negativa del Poder Judicial, desde hace años los ciudadanos vienen puntuando con mala nota a la Administración de Justicia en comparación con otras administraciones. Podría decirse que todos los servicios públicos del país han mejorado desde la transición —algunos con grandes progresos— excepto el servicio público de la Justicia. ¿A qué crees que se debe esta «anomalía» (si puede llamarse así)?

M.C. En este tema de la valoración negativa de la Administración de Justicia por parte de los ciudadanos, hay un aspecto que se corresponde con la realidad. A pesar de las mejoras que se han ido introduciendo en los últimos años, sobre todo en lo que se refiere a la digitalización de la Administración de Justicia, las carencias personales y materiales continúan siendo clamorosas. Para comprobarlo, basta visitar una oficina de una Administración Pública y acudir después a la sede de un Juzgado, especialmente si está ubicado en el extrarradio de una gran ciudad. En consecuencia, no puede extrañar que las dilaciones procesales, que es el criterio valorativo más básico, sean enormes. Algunos tribunales están señalando juicios para dentro de varios años. Así lo pudimos comprobar a través del *Observatorio económico y social de la Justicia de la UAB*, que ambos dirigimos a lo largo de todos los años en que se mantuvo en funcionamiento. Esta situación es insostenible.

Durante muchas décadas, los partidos políticos, más allá de la mera retórica, no se preocuparon realmente por modernizar la Administración de Justicia, por la sencilla razón de que este asunto no da votos. También ha sido un factor negativo la complejidad de lo que se ha llamado Administración de la Administración de Justicia, que hace muy difícil la coordinación entre los diversos órganos involucrados en este terreno. Tenemos a los jueces y magistrados que dependen del CGPJ, más los Letrados de la Administración de Justicia, que dependen del Ministerio de Justicia, y el restante personal colaborador, que normalmente depende de la Consejería de Justicia de la correspondiente Comunidad Autónoma. De esta manera, por mucho que se esfuerce, por ejemplo, el CGPJ en mejorar la calidad técnica y la cantidad de los jueces, si después la Comunidad Autónoma no proporciona los medios materiales y un personal colaborador suficiente y bien preparado, poco podrá mejorar el servicio público de la Administración de Justicia.

Por lo demás, la Administración de Justicia ofrece una singularidad que la diferencia de las Administraciones Públicas. Cuando un ciudadano se dirige a una Administración Pública para pedirle la prestación de un servicio o la emisión de una resolución, se establece una relación bilateral entre el ciudadano y la Administración Pública. Esto significa que el grado potencial de satisfacción del ciudadano es, *a priori*, de cien sobre cien. Por el contrario, si un ciudadano se ve envuelto en un proceso judicial, la relación que se establece es trilateral, porque se entabla entre un tribunal, la parte actora (demandante o acusador) y la parte pasiva (demandado o imputado). Lo que implica que el grado potencial máximo de satisfacción de cada uno de esos ciudadanos sólo sea, tendencialmente, el cincuenta por ciento, por cuanto uno ganará y el otro perderá, o ambos obtendrán una victoria y una derrota parciales.

E.F. También en los últimos tiempos, en el contexto del progresivo deterioro del Estado de Derecho y de las instituciones democráticas, de la polarización de la vida política y de la extensión de toda suerte de populismos, se ha denunciado tanto la politización de la Justicia (por ejemplo, a través de los nombramientos) como la judicialización de la política (últimamente con el llamado *lawfare*). Son dos fenómenos distintos, pero ambos conducen al cuestionamiento del Poder Judicial, algo que lamentablemente no ocurre solo en España. Aunque sé que es una cuestión de gran complejidad ¿podrías expresar sintéticamente tu opinión sobre ella?

M.C. Creo que tienes toda la razón cuando dices que los dos fenómenos que mencionas (la politización de la justicia y la judicialización de la política) contribuyen a deteriorar la imagen de la justicia.

Desgraciadamente, estos problemas, aunque pueden atenuarse con la implementación de algunas medidas, no pueden resolverse de raíz. En lo que se refiere a la politización de la justicia, debería ser modificado el sistema de nombramiento de los altos magistrados. Al ocuparnos del CGPJ, hablaremos con más detalle de este punto. Pero también serían convenientes otros cambios contundentes, como es suprimir las puertas giratorias entre justicia y política: si un juez decide aceptar un alto cargo político, debería quedar fuera de la Carrera Judicial en el futuro, sin contemplaciones. Me parece impresentable que un ministro que hasta hoy ha desempeñado su cargo atacando a sus rivales políticos y siendo atacado por éstos mañana esté dictando sentencias que afectan o pueden afectar a esos mismos adversarios.

En cuanto a la judicialización de la política, en España la situación es más grave que en otros países, porque, además de compartir con ellos la lacra del *lawfare*, tenemos las consecuencias de contar con una acción penal popular que, hasta donde sé, no existe en ningún otro país con el mismo alcance que en España. Es una institución tradicional y, como sabes, con cobertura constitucional, que ha proporcionado resultados útiles en algunos casos, impidiendo la impunidad de graves delitos que el Ministerio Fiscal se ha abstenido de perseguir, incumpliendo sus obligaciones.

El problema, como ocurre con otras instituciones jurídicas, es pasar del uso legítimo al abuso. Y esto es lo que está ocurriendo en los últimos tiempos con la acción popular. De hecho, se la han apropiado los partidos políticos y las organizaciones parapolíticas para atacar a sus adversarios. ¿Cuántas querellas interpuestas por el llamado sindicato de Manos Limpias han permitido llegar a una condena firme? Pero, mientras tanto, la larga tramitación del proceso penal daña a los imputados con la denominada pena de banquillo o de telediario. La lenidad del sistema judicial respecto del uso indebido de la acción popular es manifiesta. Pero lo más adecuado sería una reducción drástica de los casos en que se puede ejercitar la acción popular, y, desde luego, impedir a los partidos políticos y sindicatos el ejercicio de esa acción.

En 2011 y 2013 se elaboraron dos borradores de Ley de Enjuiciamiento Criminal, el primero por el Gobierno del PSOE y el segundo por el Gobierno del Partido Popular, que incidían (ambos) en dotar a la acción penal popular de ese carácter excepcional, permitiendo su ejercicio en supuestos muy concretos, y no con carácter general, como sucede ahora. Esa limitación del ejercicio de la acción popular es perfectamente constitucional, porque el art. 125 de la Constitución establece que los ciudadanos podrán ejercer la acción popular en los procesos que la ley determine.

Respecto del *lawfare*, no veo soluciones satisfactorias factibles. En términos generales, los casos de posible *lawfare* entran, formalmente, en el ámbito de las facultades interpretativas de los tribunales, por lo que el único remedio que cabe es recurrir la correspondiente resolución ante un tribunal superior, lo que no garantiza que este tribunal corrija los supuestos abusos que se hayan producido. Y, además, en estos casos siempre quedará en la memoria de los ciudadanos la pena de banquillo de los políticos que han sido perseguidos indebidamente por vía judicial. Tú y yo sabemos que hay un partido político cuyos dirigentes han sufrido en los últimos años la apertura de una infinidad de diligencias penales, que, una tras otra, han sido archivadas. Es un ejemplo de lo que decimos, pero, por desgracia, no es el único.

E.F. En la famosa novela americana *Matar a un ruiseñor*, el entrañable abogado Atticus Finch defiende a un negro acusado de violar a una muchacha blanca, el cual finalmente es condenado por un jurado integrado exclusivamente por hombres blancos en un Estado sureño donde impera el racismo. A pesar de ello, el letrado llega a afirmar: «Pero hay algo en este país ante lo que todos los hombres son creados iguales, una institución humana que hace que un pobre sea igual que un Rockefeller, que un estúpido sea igual que un Einstein y el ignorante igual que cualquier director universitario. Esa institución, caballeros, es un tribunal». Era evidente que ello no era así en los Estados Unidos de los años treinta, y posiblemente tampoco hoy. ¿Crees que hoy sí se puede sostener esa afirmación en España?

M.C. En mi opinión, la igualdad procesal, lo que los procesalistas llamamos *igualdad de armas procesales* (una expresión con resonancias bélicas), no ha existido plenamente en ningún lugar ni en ninguna época. La igualdad procesal es un *desiderátum*, un ideal irrenunciable, más que una realidad efectiva. Puede darse en casos muy concretos, pero no con carácter general.

En un proceso civil, por ejemplo, las partes pueden encontrarse en situaciones económicas similares. Entonces, no hay problema para mantener la igualdad procesal. Pero esto cambia radicalmente si el conflicto se entabla entre partes con recursos económicos dispares. ¿Cómo va a haber igualdad procesal cuando una de las partes puede permitirse contar con los mejores abogados y peritos, y la otra parte tiene vedada esta posibilidad? Si del proceso civil vamos al proceso penal, ¿cómo va a ser igual un imputado carente de recursos económicos que un imputado que puede nombrar a los mejores penalistas, puede encargar dictámenes a los peritos más brillantes y puede contratar a los investigadores privados más competentes?

Pero, dicho esto, debemos hacer algunas matizaciones relevantes. En España se ha hecho un esfuerzo presupuestario importante durante las últimas décadas para costear el servicio de justicia gratuita, destinado a proporcionar asesoramiento y defensa jurídicas a las personas con insuficientes recursos económicos. En este extremo partíamos de una situación lamentable. Históricamente, los litigantes e imputados que carecían de medios económicos para afrontar el pago de los honorarios de un abogado podían pedir el nombramiento de un letrado de oficio. Todos los abogados tenían la obligación corporativa de actuar gratuitamente en el turno de oficio, prestando asistencia jurídica a quienes obtenían lo que se llamaba «beneficio de pobreza». La consecuencia práctica fue que, por regla general, los abogados no se tomaban en serio la defensa de oficio, es decir, se limitaban a examinar someramente el caso planteado o delegaban sus funciones en algún pasante inexperto. Había excepciones, pero éste era el panorama predominante.

Con la llegada de la democracia, los gobernantes empezaron a prestar atención a los problemas de asistencia jurídica de las personas con escasos recursos económicos, entre otras cosas porque, como bien sabes, el art. 119 de la Constitución proclama la gratuidad de la justicia para quienes «acrediten insuficiencia de recursos para litigar». Ciertamente, la retribución del turno de oficio está muy lejos de los honorarios que perciben los abogados de libre designación. Pero, aun con estas limitaciones, no deja de ser mucho mejor que el antiguo turno de oficio.

Ahora bien, en la afirmación de Atticus Finch (¡qué interpretación tan magistral de este personaje hizo Gregory Peck en la correspondiente película!) flota otra idea que me parece totalmente asumible. En efecto, por enorme que sea la desigualdad de las partes procesales, la exigencia de someter los conflictos jurídicos a la decisión de un tercero, de un tribunal, ya es, en sí misma, un factor de igualación de las partes. El reverso es la autotutela, la autodefensa, hacerse la justicia por la propia mano, es decir, la ley del más fuerte, donde el más débil no tiene ninguna expectativa, a diferencia de lo que ocurre ante un tribunal.

E.F. No podemos cerrar este apartado de la conversación sin referirnos al Consejo General del Poder Judicial, un órgano creado por la Constitución siguiendo el ejemplo de los países del entorno, y que sin embargo podríamos afirmar que ha sido un fracaso desde el punto de vista institucional, tanto por su diseño como por su actuación. Está casi de forma permanente en el centro de la batalla política, ha estado 5 años sin renovar, y ha suscitado críticas y preocupación en las instituciones de la Unión Europea y el Consejo de Europa. ¿Qué harías tú con el CGPJ?

M.C. No soy partidario de la supresión del CGPJ, que exigiría una drástica reforma constitucional y probablemente destaparía la caja de Pandora de todo lo peor de la vida política y judicial española. Y, además, habría que pensar en un modelo alternativo de gobierno del Poder Judicial, que ni siquiera se ha llegado a plantear. Pero, por supuesto, tienes razón cuando afirmas que el CGPJ ha sido un fracaso institucional. Hemos llegado a extremos verdaderamente escandalosos. Uno de los últimos ha sido ver a los respectivos representantes de los dos partidos mayoritarios reunirse con un comisario europeo y después con una comisaria, para negociar la renovación del CGPJ, prescindiendo totalmente de lo que dice la Constitución, que encomienda el nombramiento de los vocales del CGPJ al Congreso de los Diputados y al Senado, y no a los partidos políticos.

Por otra parte, en su inmensa mayoría, las polémicas y los problemas relacionados con el CGPJ vienen originados por una sola de las facultades atribuidas a este órgano: la facultad de nombramiento de la cúpula judicial, y, especialmente, de los magistrados del Tribunal Supremo. No veo razones de peso en contra de mantener el CGPJ, siempre que esta facultad fuera modificada radicalmente, sustituyendo la actual discrecionalidad en la designación de la cúpula judicial por un sistema basado en la ponderación reglada y cuantificada de los méritos de los diversos aspirantes.

Ya mucho antes de la Constitución y de la creación del CGPJ, cuando se empezaba a hablar del autogobierno de la Magistratura, las mentes más lúcidas se dieron cuenta de que el nombramiento de los altos cargos judiciales basado en la discrecionalidad podría llegar a ser el problema principal. Mencionaré un ejemplo ilustrativo. En 1970, aún en los estertores del franquismo, se celebró una de las reuniones anuales que en aquella época efectuaban los procesalistas españoles, y que ese año se dedicó al tema del autogobierno de la Magistratura. En esa reunión el insigne procesalista Jaime Guasp, dotado de una inteligencia privilegiada, manifestó, entre otras cosas:

> «El sistema de autogobierno de la Magistratura debe ser, estricta y rigurosamente, un sistema de gobierno por ley [...]. No deben admitirse, por tanto, desarrollos reglamentarios de lo que establezcan las leyes orgánicas, ni, mucho menos, actos discrecionales de ninguna Autoridad en materia de gobierno o administración de la Magistratura [...]. El sistema de gobierno por ley no equivale a un absoluto automatismo, sino que significa, únicamente, que los criterios en la materia, v. gr., sobre provisión de cargos, sobre ascensos, sobre nombramientos para el Tribunal Supremo, etc., estén ordenados legalmente de una forma que rehúya toda posibilidad de valoración personal y elástica».

Así pues, no puede decirse que el problema de la discrecionalidad en el nombramiento de los altos cargos judiciales no hubiera sido advertido con claridad mucho antes de la Constitución y de la promulgación de la Ley Orgánica del Poder Judicial (LOPJ). En mi opinión, Guasp predijo, con exactitud asombrosa, la principal fuente de conflictos en torno al CGPJ.

Por supuesto, fijar con precisión y exactitud la lista de méritos de los candidatos a ocupar una plaza en la cúpula judicial no garantiza absolutamente que el correspondiente concurso de méritos sea resuelto con criterios exclusivamente objetivos, porque, quiérase o no, el CGPJ está integrado por seres humanos, y no por autómatas, de manera que es difícil que en la valoración de los méritos de los concursantes no se deslicen las preferencias de los componentes del CGPJ. Aun así, sería un paso adelante formidable, que, como mínimo, evitaría las decisiones palmariamente arbitrarias, que podrían ser controladas en sede judicial.

Naturalmente, las decisiones del CGPJ continuarían siendo impugnables ante el Tribunal Supremo. No obstante, en mi opinión, sería conveniente que esa competencia no se concentrara en la Sala de lo Contencioso-administrativo, como ocurre ahora. Dada la trascendencia de aquellos nombramientos, y al hecho de que pueden afectar a un concreto tribunal en su conjunto o a cualquiera de las Salas de los órganos colegiados, el control de las decisiones del CGPJ en materia de nombramientos debería atribuirse a una Sala especial, compuesta por los presidentes de las diversas Salas del Tribunal Supremo, y los magistrados de mayor y menor antigüedad de cada Sala.

De hecho, consciente del exceso de discrecionalidad de la que dispone el CGPJ, el Tribunal Supremo ha comenzado a anular nombramientos efectuados por el órgano de gobierno del Poder Judicial. Normalmente, las anulaciones se fundan en la falta de motivación suficiente o en el carácter arbitrario de los correspondientes nombramientos.

Y el propio CGPJ dictó un Decreto sobre nombramientos discrecionales, en el que proclama retóricamente la exigencia de atenerse a los principios de mérito y capacidad, y que los nombramientos se atengan a criterios de transparencia y objetividad, y a la igualdad de los candidatos en el acceso a las diversas plazas. El Decreto incluye también algunas listas de méritos, que son totalmente insuficientes, y además vienen formulados de forma genérica y sin fijar valores cuantitativos.

Claro está que es muy difícil que una reforma como la que estoy proponiendo salga adelante, porque implicaría que los partidos políticos mayoritarios y las asociaciones judiciales perderían el mecanismo de control de los nombramientos de los altos cargos judiciales. En realidad, si la designación de la cúpula judicial se sometiera a criterios objetivables, los partidos políticos y las asociaciones judiciales probablemente perderían buena parte del interés que tienen actualmente en influir en el control de la composición del CGPJ.

E.F. Volvamos al juez, que es el titular del Poder Judicial, puesto que es él quien ejerce en exclusiva la potestad jurisdiccional. Precisamente por ello son de gran importancia las características personales de los jueces: su procedencia, extracción social, formación, ambiente familiar e incluso sus rasgos psicológicos. Tú que conoces bien a los integrantes del Poder Judicial, ¿cuál crees que es el perfil humano y profesional del juez español en la actualidad? ¿Piensas que ha cambiado desde la aprobación de la Constitución? ¿Qué es lo que le singulariza respecto de las otras profesiones jurídicas?

M.C. Todos los factores que mencionas constituyen una especie de marca de origen de los jueces, que los van a condicionar durante toda su vida profesional, por mucho que se esfuercen en evitarlo. Nuestros orígenes están presentes a lo largo de nuestra trayectoria vital, nos guste o no.

En cuanto al perfil humano y profesional predominante del juez español actual, y dejando a salvo todas las excepciones que se quiera, es el de un hombre o una mujer procedente de las clases media y media alta, muy frecuentemente perteneciente a una familia de juristas, no sólo de jueces. Normalmente, han sido estudiantes de nivel medio o medio alto en cuanto a su expediente académico. La ideología, las actitudes y los valores dominantes entre los miembros de la Judicatura son los propios del sector político conservador, de una derecha moderada, pero con fuerte apego corporativo.

Por lo que se refiere a la procedencia geográfica de los jueces, si nos atenemos a los datos estadísticos que ofrece el CGPJ sobre los jueces en prácticas, prevalecen Andalucía y la Comunidad madrileña, y, en menor medida, las Comunidades Autónomas Valenciana y Castilla y León, que tiene un número de jueces porcentualmente muy elevado en relación con el número de habitantes. Después viene Cataluña, a la que me referiré enseguida.

En lo sustancial, creo que el perfil humano y profesional de los jueces, salvo la mayor presencia de las mujeres en la Judicatura, no ha variado desde décadas antes de aprobarse la Constitución, aunque sí han variado algunos rasgos, como ocurre con los opositores a jueces provenientes de Cataluña. Tradicionalmente, ha habido una especie de rechazo de los juristas catalanes a opositar a la Judicatura y los altos Cuerpos de la Administración, con la excepción, acaso, de las Notarías. Pero en las últimas décadas esto está variando. La oposición para ingresar en la Judicatura o la Fiscalía cuenta con más aspirantes. Concurren en este punto varios factores favorables, como son la política de becas de la Generalitat destinadas a la preparación de estas oposiciones (recuerda aquella proclama de los años ochenta: *volem jutges catalans*, queremos jueces catalanes), y el hecho de que el número de plazas judiciales vacantes en Cataluña es elevado, y además se ha agravado a causa del *procés*. Por lo demás, el *procés* ha tenido otro efecto importante: con anterioridad, muchos de los nuevos jueces más brillantes optaban por quedarse en Cataluña, pero esto ya no es así.

A pesar de la vinculación con el franquismo de la mayoría de jueces que ejercían al tiempo de aprobarse la Constitución, el perfil humano, antes y después del fin de la dictadura, no ha variado sustancialmente. Pondré un ejemplo. Allá por 1962, en plena dictadura, varios partidos políticos antifranquistas aprobaron una ponencia, que era una propuesta de reforma general del sistema jurídico franquista para el caso de que la dictadura fuera derrocada. Pues bien, en esa ponencia se planteó el tema de la posible depuración de los jueces, pero se llegó a las siguientes conclusiones:

> *«El cuerpo de Magistrados y Jueces, en general, no siempre está integrado por héroes capaces de poner en peligro su cargo o el pan de sus hijos por enfrentarse contra los Poderes imperantes, cuando estos imponen un juicio contrario a la conciencia del juzgador. Mas, si a esos mismos magistrados y jueces les son otorgadas garantías de respeto a su persona y de independencia para su función, es notorio que procuran acertar, poniendo en ello buena voluntad, interés y no pocas veces esfuerzo. La ponencia parte del principio de que el Cuerpo judicial y fiscal se halla nutrido por funcionarios honestos, competentes y deseosos de acertar, aunque no siempre les haya asistido el valor suficiente para oponerse a los dictados del gobernante. Garantizada la independencia de su función, el Estado puede partir del supuesto de hallarse asistido del Tercer Poder».*

Los jueces comparten valores y actitudes con los cuerpos de altos funcionarios de la Administración. El único rasgo que probablemente los singulariza es algo que ya he mencionado: la conciencia de su *potestas*, del poder para decidir sobre la libertad y la hacienda de sus conciudadanos.

E.F. Uno de los aspectos de los jueces que es objeto de debate hace años es precisamente el de su selección y formación, sobre el que tú has reflexionado. Nuestro país sigue, por disponerlo la Constitución, un modelo burocrático de juez funcionario integrado en un único Cuerpo con sus reglas de ingreso, destino, promoción, etc. Y rige un sistema de selección basado en unas oposiciones en las que se valora exclusivamente (o esencialmente) la capacidad memorística para recitar un temario dominado por el Derecho Civil y Penal, preparado con la ayuda de los mismos jueces. Los intentos de modificar este sistema han fracasado hasta hoy, mientras los países de nuestro entorno utilizan en general métodos de selección que evalúan otras capacidades y calificaciones de los candidatos. ¿Qué piensas de nuestro sistema de selección de jueces? ¿Por qué crees que no se ha —prácticamente— reformado desde la Constitución?

M.C. Allá por el año 2001 participé en un grupo de trabajo encargado de redactar un borrador de reforma global de la Administración de Justicia. Y precisamente uno de los temas que se me encomendaron fue el de la selección y formación de los jueces. Mis ideas sobre este punto no han variado, por lo que haré un pequeño resumen de lo que escribí en aquella ocasión.

Como bien dices, la vía ordinaria de ingreso en la carrera judicial es la oposición. Es un método que ya fue severamente criticado por Francisco Beceña, el fundador de la moderna doctrina procesal española. Lo hizo en varios trabajos y, sobre todo, en su obra *Magistratura y justicia. Notas para el estudio de los problemas fundamentales de la organización judicial* (Madrid, 1928), que, a mi juicio, es la monografía procesal española más destacada de las publicadas en el periodo que va desde el inicio del siglo XX hasta el comienzo de la guerra civil. Beceña formulaba a las oposiciones el mismo reproche que posteriormente se ha convertido en recurrente y que tú también has hecho: la oposición sirve, casi exclusivamente, para valorar la capacidad memorística de los aspirantes a la Judicatura, pero carece de idoneidad para apreciar otras habilidades de los futuros jueces, que son extraordinariamente relevantes en el ejercicio de su profesión, como la capacidad de raciocinio jurídico y general, la profundidad de los conocimientos jurídicos y de la cultura general, la aptitud para relacionar las diversas ramas jurídicas, el conocimiento de la realidad social y económica, etc.

El sistema actual de selección mediante oposiciones proporciona jueces jóvenes, con conocimientos teóricos limitados a disciplinas jurídicas y sin experiencia práctica alguna.

Pero también es cierto que la oposición tiene algunas virtudes, y especialmente una: su carácter objetivo, que la hacen refractaria a arbitrariedades y abusos. El temor a perder este rasgo ha paralizado la introducción de reformas en el sistema de oposiciones, que, conservando el esquema esencial de este método de selección de los jueces, permita mejorarlo.

Por ello, ponderando pros y contras, no me parece mal mantener la oposición como prueba de aptitud básica para el acceso ordinario a la judicatura, pero modificando el sistema, para que los jueces reclutados tengan una completa formación jurídica —teórica y práctica— así como la necesaria formación en otras ciencias sociales y técnicas auxiliares.

E.F. ¿Cuáles deberían ser esas modificaciones?

Creo que sería conveniente introducir algunos cambios ya en la primera fase de selección del personal judicial, la que sigue a la obtención del Grado en Derecho y precede a la oposición. En la actualidad, una persona que haya seguido los estudios de Derecho con extraordinario aprovechamiento y que, incluso, se haya preocupado de ampliar su formación jurídica con estudios de postgrado, no obtiene la debida compensación por ese esfuerzo a la hora de optar al ingreso en la Judicatura por la vía de las oposiciones. Más aún: ese jurista se puede encontrar en situación de desventaja frente al opositor que se ha limitado a aprobar las asignaturas del Grado de Derecho con la calificación mínimamente indispensable pero que, sin embargo, está dotado de mayor capacidad para memorizar el temario de la oposición o que, simplemente, se ha visto favorecido por la suerte en los temas a exponer. En suma, el sistema actual prescinde de tomar en consideración algunos factores que, sin ser definitivos, pueden ser indicativos de la madurez y cultura jurídica del aspirante a juez. Por ello, sería aconsejable que, en la valoración de la oposición, un determinado porcentaje (por ejemplo, un máximo de entre veinte y veinticinco por ciento) se asignara atendiendo a variables como las siguientes: a) nota media obtenida por el candidato en la carrera; b) estudios de postgrado seguidos en Universidades públicas, o que cuenten con reconocimiento oficial; c) obtención de otras titulaciones en ciencias sociales; d) acreditación del conocimiento de idiomas.

Además, hay otro extremo que me parece sumamente importante y que también se proyecta sobre el periodo que media entre la graduación en Derecho y la realización de la oposición. Se trata de conseguir que los aspirantes a juez estén en las condiciones más igualitarias posibles para afrontar la oposición. La preparación de las oposiciones exige un largo periodo de tiempo. No todos los aspirantes con excelentes expedientes académicos pueden permitirse estar tres, cuatro o cinco años sin percibir ingresos, y abonando, además, el pago de los honorarios de un preparador. En consecuencia, pienso que es necesario contar con un generoso programa público de becas. No han existido estas becas hasta fechas recientes. Sería aconsejable mantenerlas y ampliarlas. Por cierto, la Generalitat de Catalunya fue pionera en este terreno. Lo que es inconcebible es que los llamados partidos de izquierda hayan tardado tanto tiempo en ser sensibles a esta exigencia, que haría posible el enriquecimiento y una mayor heterogeneidad de la procedencia social de los jueces.

Por lo que se refiere al contenido de la oposición, actualmente consiste en tres pruebas: un test escrito y dos pruebas orales. Me parece adecuado mantener el sistema actual de oposición sobre la base de un ejercicio de carácter teórico que sirva para acreditar el conocimiento de un determinado temario jurídico e, incluso, de otras ciencias sociales. Pero la oposición debería contener también una parte de carácter práctico consistente en la resolución de casos, extraídos de la realidad jurídica y que permitieran el planteamiento y la interrelación de cuestiones concernientes a diversas disciplinas jurídicas. Naturalmente, el objetivo de esta segunda parte de la oposición no radicaría en comprobar los conocimientos jurídicos memorizados por el candidato. Por el contrario, la valoración debería atender, fundamentalmente, a aspectos como los siguientes: la capacidad de razonamiento jurídico del aspirante, su aptitud para establecer conexiones entre conocimientos pertenecientes a ramas jurídicas distintas, la perspicacia para penetrar en la realidad social subyacente al conflicto jurídico, la comprensión de los efectos reales que va a producir cada una de las soluciones posibles del problema planteado, la habilidad para concretar las declaraciones abstractas de las reglas de derecho positivo, etc.

La determinación del contenido de la oposición debería ser confiada a una Comisión mixta, en la que estuvieran representados el Gobierno (a través del Ministerio de Justicia), el Ministerio Fiscal, el Consejo General del Poder Judicial, los Consejos Generales de la Abogacía y de los Procuradores y las Universidades. Igualmente, la evaluación de los resultados de la prueba se habría de encargar a Comisiones integradas por representantes de las instituciones y los organismos mencionados, como prácticamente ya ocurre.

E.F. Y después de la aprobación de las oposiciones, ¿cómo se tendría que completar la formación de los aspirantes a juez?

Superada la oposición comenzaría propiamente el periodo de formación del aspirante a juez. Parece conveniente que este proceso continúe estando a cargo de la Escuela Judicial, bajo la dirección, en último término, del Consejo General del Poder Judicial.

Los candidatos a ingresar en la Judicatura deberían dedicarse a tiempo completo a llevar a cabo los correspondientes estudios y actividades formativas. En contrapartida, y con el fin de asegurar dicho objetivo, los alumnos de la Escuela Judicial deberían percibir una retribución.

En la actualidad esta fase de formación comprende tres periodos: en el primero, que dura aproximadamente doce meses, se ha de superar un curso teórico práctico, en el segundo, que tiene una duración aproximada de seis meses, se realizan prácticas en órganos judiciales, y en el tercero (cinco meses aproximadamente) se ejercen ya funciones jurisdiccionales, aunque sea con el carácter de juez sustituto o de refuerzo.

En mi opinión, esta fase formativa debería tener, idealmente, una duración de tres a cuatro años, y estaría integrada por estudios teóricos y actividades dirigidas a proporcionar una formación práctica a los aspirantes a juez.

El programa de estudios de la Escuela Judicial no debería incluir únicamente cursos y seminarios de contenido jurídico. Por el contrario, los aspirantes deberían recibir también enseñanzas referidas a otras ciencias sociales (economía, sociología, criminología, ciencia política, etc.), a las llamadas nuevas tecnologías, y a otras técnicas auxiliares (contabilidad, gestión y toma de decisiones, estadística, etc.), que permitieran al aspirante a juez obtener los conocimientos indispensables para el adecuado ejercicio de la función judicial.

La formación práctica de los alumnos de la Escuela Judicial debería girar en torno a dos actividades fundamentales. Por una parte, la tramitación y resolución de procesos simulados basados en casos reales. Esta actividad podría efectuarse bajo la dirección de profesores de la propia Escuela Judicial, y exigiría mantener y ampliar los actuales convenios de colaboración con las Escuelas de Práctica Jurídica de los Colegios de Abogados. Por otra parte, el alumno de la Escuela Judicial debería actuar como Juez adjunto en diversos órganos judiciales unipersonales, bajo la doble tutela de los Jueces titulares de dichos Juzgados y del profesorado de la Escuela Judicial, lo que requiere establecer una adecuada coordinación entre la Escuela y los Juzgados en que se lleven a cabo aquellas actividades. El alumno tendría que desarrollar su actuación como Juez adjunto en Juzgados de Primera Instancia e Instrucción, y a ser posible, aunque con estancias más breves, en las restantes clases de órganos judiciales unipersonales y colegiados. La actuación como Juez adjunto debería incluir una amplia gama de actividades: 1) presencia física en vistas, juicios, práctica de pruebas y, en general, actos procesales en que intervenga el Juez titular; 2) posterior análisis con el Juez titular de aquellas actuaciones procesales; 3) seguimiento de procesos, y redacción de propuestas o borradores de resolución; 4) examen directo acerca del funcionamiento de la Oficina judicial, con la colaboración del Letrado de la Administración de Justicia.

Sería necesario que los aspirantes a jueces fueran sometidos, a lo largo de esta fase, a sucesivas evaluaciones periódicas de carácter eliminatorio. Este sistema resulta preferible a la solución alternativa consistente en realizar una sola evaluación al final de este periodo de formación. El criterio propuesto lleva consigo una doble ventaja: 1) por un lado, contribuiría a que el alumno de la Escuela Judicial interiorizara su auténtica condición de mero aspirante a Juez, que puede o no acceder a la Carrera Judicial en función del esfuerzo que dedique a su formación durante esta fase de aprendizaje y de la capacidad que acredite para el ejercicio de aquella profesión. 2) asimismo, se atenuarían los «costes humanos» respecto de los candidatos que fueran excluidos por no obtener una evaluación positiva.

No parece que exista inconveniente para que las evaluaciones correspondientes a los conocimientos teóricos sean efectuadas por el propio profesorado de la Escuela Judicial. Pero las restantes evaluaciones, y en particular las dirigidas a comprobar el grado de madurez jurídica y de preparación práctica alcanzado por los alumnos, deberían confiarse a una Comisión mixta, formada con arreglo a criterios similares a los indicados en relación con los Tribunales encargados de valorar la oposición, si bien los miembros de aquella Comisión habrían de ser nombrados por el Consejo General del Poder Judicial. Estas evaluaciones deberían basarse en dos elementos de juicio: 1) el resultado obtenido por el aspirante en el examen o prueba correspondiente; 2) las valoraciones emitidas por los Jueces que hubieran actuado como tutores del alumno.

E.F. ¿Mantendrías la actual posibilidad de que accedan directamente a la Carrera Judicial juristas de reconocido prestigio?

M.C. Creo que la coexistencia de una pluralidad de vías para el acceso a la función judicial enriquece a todo el sistema. El ingreso de juristas de reconocido prestigio en la Carrera Judicial permite la aportación de conocimientos especializados y de una experiencia jurídica que no proporciona, por sí solo, el ejercicio de la función judicial.

E.F. Junto a los jueces y a los otros profesionales que intervienen en la Administración de Justicia, los abogados ocupan un lugar destacado en la actividad jurisdiccional pues a ellos les corresponde —aunque no solo— la defensa de los ciudadanos en los procesos seguidos ante los Tribunales. A las Facultades de Derecho nos compete —aunque tampoco exclusivamente— la formación de los futuros letrados, y de los juristas en general. ¿Crees que la enseñanza que se ofrece actualmente en el Grado de Derecho es la correcta para la preparación básica de los abogados? ¿No crees que ha ido adquiriendo cada vez más protagonismo la formación que ofrecen los Colegios de Abogados o los mismos despachos?

M.C. Creo que la enseñanza que ofrecen las Facultades de Derecho a sus alumnos permite a éstos, sobradamente, adquirir los conocimientos básicos de las diversas disciplinas jurídicas. Asimismo, los programas de prácticas que proporcionan las Facultades, gracias a los convenios suscritos con despachos y entidades públicas y privadas, facilitan a los estudiantes la adquisición de los rudimentos necesarios para el ejercicio de las diferentes profesiones jurídicas. En consecuencia, debo contestar en sentido afirmativo la pregunta que me formulas acerca de si la enseñanza que se ofrece actualmente en el Grado de Derecho es la correcta para la preparación básica de los abogados.

También debo contestar en el mismo sentido la otra cuestión que me planteas: la formación que proporcionan los Colegios de Abogados y los despachos profesionales está cobrando un protagonismo creciente. Y es natural que esto sea así. El Derecho es muy cambiante, tanto en el ámbito legislativo como en el jurisprudencial y en la práctica jurídica en general. Esto exige que los abogados deban actualizar sus conocimientos permanentemente. Y los Colegios de Abogados (y los despachos) son los llamados a facilitar esa formación continua.

No obstante, en este tema de la formación de los abogados las líneas delimitadoras no son rígidas. Es muy frecuente que en las actividades formativas que ofrecen los Colegios de Abogados éstos cuenten también con profesorado universitario. Sin ir más lejos, puedo mencionar la propia experiencia personal. Durante mi vida en activo, han sido muy numerosas las invitaciones de Colegios de Abogados de dentro y fuera de Cataluña para participar en esas actividades formativas, especialmente en las épocas coincidentes con los cambios legales que más preocupan a los letrados. La promulgación de la vigente Ley de Enjuiciamiento Civil significó el apogeo de lo que digo.

E.F. Hasta no hace mucho, nuestro país era de los pocos en Europa en los que no se requería superar una prueba o examen para poder ejercer de abogado, bastando la colegiación. Desde 2006 se viene exigiendo el Máster en Abogacía —impartido por las Facultades junto a los Colegios— y la Prueba de Acceso a la profesión de Abogado y Procurador, preparado por el Ministerio de Justicia, también con participación de los Colegios. ¿Qué opinión te merece este sistema de acceso a la profesión de abogado? ¿Crees que es homologable al que rige en otros países? ¿Piensas que garantiza un nivel de conocimientos indiscutible, igual que lo hace por ejemplo el MIR en relación con los médicos?

M.C. Efectivamente, en el panorama europeo la situación española en cuanto al acceso a la profesión de abogado era del todo insólita y descabellada. Cualquier recién graduado en Derecho, sin la más mínima experiencia, podía firmar, por ejemplo, un recurso de casación ante el Tribunal Supremo. Era algo irrazonable. Si el sistema de acceso a la Judicatura tiene aspectos mejorables, el acceso a la Abogacía y a la Procuraduría adolecía de un defecto todavía mayor: no existía ningún mecanismo de selección, filtro o formación destinados a estas profesiones jurídicas, sin perjuicio de la existencia de una variada oferta de programas voluntarios privados (vgr., escuelas de práctica jurídica, Masters privados, etc.).

La implantación del Máster de Abogacía significó una novedad muy importante. La exigencia de ampliar los conocimientos teóricos y, sobre todo, prácticos ha sido beneficiosa para mejorar el nivel profesional de los nuevos abogados.

Colaboré con el Decanato de nuestra Facultad desde los comienzos del funcionamiento del Máster y puedo asegurar que no fue un camino de rosas. Hubo obstáculos muy serios, provocados por diversos factores, como la falta de experiencia de la que adolecíamos en esta materia o la dificultad para armonizar la intervención conjunta de la Facultad y de los Colegios de Abogados. Pero surgió también otro problema grave, que, por fortuna, el paso del tiempo ha limado. Me refiero al hecho de que los primeros graduados en Derecho a los que se exigió cursar el Máster presentaron resistencia, en forma de encontronazos con los coordinadores del Máster y con los profesores. Sentían que se les estaba imponiendo una carga innecesaria para acceder al ejercicio de la profesión, una carga de la que se habían librado sus compañeros de las promociones inmediatamente anteriores. Los primeros alumnos del Máster se encontraban en una situación síquica difícil, porque ya no se consideraban estudiantes, pero tampoco eran abogados.

En líneas generales el sistema actual de acceso a la Abogacía y a la Procura me parece aceptable y, a mi juicio, es homologable con los sistemas vigentes en otros países europeos. Este sistema garantiza la adquisición de unos conocimientos teóricos y unas habilidades prácticas suficientes para empezar a ejercer la profesión con cierta autonomía, pero creo que sigue siendo muy conveniente que el nuevo profesional cuente, durante algunos años, con una especie de tutoría y apoyo de un profesional veterano.

E.F. Más allá de la formación académica, y de los requisitos legales de acceso a la profesión, se pueden señalar las cualidades, habilidades o incluso caracteres y personalidades más adecuadas para desempeñar con éxito el oficio de abogado, al igual que ocurre con otras profesiones. Desde hace siglos, la literatura ha tratado (e ironizado) sobre los abogados, y también los ciudadanos se han formado una opinión del estereotipo —generalmente negativo— del abogado y su actividad (entre nosotros en el conocido dicho popular «*Advocats i procuradors a l'infern de dos en dos*»). ¿Cuáles crees que son las características más adecuadas que debe reunir una persona para ejercer la profesión de abogado? ¿Crees que siguen hoy vigentes esos estereotipos negativos sobre los abogados?

M.C. Probablemente, esos estereotipos críticos contra los abogados proceden, en una parte significativa, de los siglos XVI y XVII, que fue una época muy pleitista en los reinos peninsulares. Ten en cuenta que, con la llegada del Estado absolutista, se formaron las estructuras judiciales básicas que permanecerían hasta el advenimiento del Estado constitucional, y que se caracterizaron por la asunción por parte de los tribunales regios del grueso de la potestad jurisdiccional. A los estamentos dominantes no les hacía ninguna gracia que cualquier labriego analfabeto les pusiera una demanda y los llevara ante la justicia del Rey. Pero quienes dirigían los pleitos eran los letrados. De ahí la inquina contra los abogados, que tuvo abanderados importantes, como Francisco de Quevedo, autor de sátiras de una crueldad espeluznante contra los abogados. Quevedo prefería resolver los conflictos con sus campesinos por su propia mano, y no ante un tribunal.

Estos estereotipos se extendieron a las diversas capas sociales. La crítica fundamental estribaba en calificar a los abogados como enredadores, que liaban a sus clientes con la tramitación de pleitos, prometiéndoles engañosamente ganancias, mientras los únicos que obtenían beneficios eran los propios abogados, mediante el cobro de sus honorarios. Esta crítica iba unida al reproche de que los abogados hacían perdurar los pleitos en su provecho. Por ejemplo, cuando yo era niño, circulaba un chiste bastante popular que se refería a un abogado que se había jubilado tras estar involucrado en la dirección de un pleito durante muchos años. Al jubilarse, su hijo, también abogado, asumió la defensa en ese proceso, y, al poco tiempo, informó eufóricamente a su padre de que había conseguido terminar el pleito en cuestión, a lo que se padre replicó: ¿Pero de dónde vas a comer a partir de ahora?

Esa visión negativa de los abogados permanece en una parte de la sociedad, sobre todo en la formada por personas de más edad, pero creo que, con las excepciones que se quiera, va desapareciendo. Dicho en otras palabras, hoy día no creo que las críticas que se hacen a los abogados por su deficiente actuación profesional sean más ásperas y más abundantes que las que se dirigen a otros profesionales. La generalización del disfrute de la defensa jurídica, sobre todo a través del turno de oficio, ha ayudado a este cambio de estereotipo.

En cuanto a las características más adecuadas que debe reunir una persona para ejercer la profesión de abogado, la primera y esencial es, naturalmente, contar con una excelente preparación jurídica, tanto teórica como práctica, completada por el afán constante de seguir aprendiendo. Pero, dicha esta obviedad, el abogado debe tener también otras habilidades, que Piero Calamandrei describe magistralmente en su célebre *Elogio de los jueces escrito por un abogado*. Entre esas cualidades, destaca la perspicacia síquica necesaria para entender el aspecto humano de los conflictos jurídicos en los que le toque actuar, y para saber relacionarse con los defendidos, los abogados contrarios y el personal judicial. Calamandrei cuenta el caso de un abogado que, en sus alegatos, dio una lección jurídica magistral al tribunal, y que, a pesar de ello, perdió el caso. Dice Calamandrei que ese abogado sería un excelente jurista, pero un pésimo abogado.

Otra obra maravillosa que se ocupa de las virtudes que debe reunir un abogado es *El alma de la toga*, escrita por el abogado y político republicano Ángel Ossorio y Gallardo, que, como sabes, defendió a Companys en el proceso penal que tú has estudiado en tu obra *Companys, ¿golpista o salvador de la República?*. Ese librito incluso fue traducido a algún otro idioma, algo bastante insólito para una obra jurídica española. Ossorio y Gallardo resume lo que deber ser un buen abogado en diez mandamientos, que suscribo íntegramente: «1) No pases por encima de un estado de tu conciencia; 2) No afectes una convicción que no tengas; 3) No te rindas ante la popularidad ni adules a la tiranía; 4) Piensa siempre que tú eres para el cliente y no el cliente para ti; 5) No procures nunca en los tribunales ser más que los magistrados, pero no consientas ser menos; 6) Ten fe en la razón, que es lo que, en general, prevalece; 7) Pon la moral por encima de las leyes; 8) Aprecia como el mejor de los textos el sentido común; 9) Procura la paz como el mayor de los triunfos; 10) Busca siempre la justicia por el camino de la sinceridad y sin otras armas que las de tu saber».

Por cierto, *El alma de la toga* fue traducida al italiano en 1926 y se publicó en Italia con un hermoso prólogo de Piero Calamandrei, que publicaría su *Elogio de los jueces escrito por un abogado* nueve años después. No hay duda de que algunas ideas de la obra de Calamandrei se inspiran en la obrita de Ossorio y Gallardo.

E.F. Como has explicado, en tu actividad universitaria de transferencia del conocimiento has ejercido la consultoría para abogados, ya sea formalmente mediante informes o dictámenes, o como asesor o consejero de amigos y conocidos, incluso de exalumnos, a los que has asesorado en sus pleitos. Somos muchas las personas que en algún momento hemos acudido a ti para resolver nuestras dudas o preguntarte por asuntos en los que requeríamos tu opinión, que siempre nos has ofrecido generosamente. ¿Qué te ha aportado esa actividad vinculada directamente a la práctica del Derecho? ¿Pensaste alguna ver en dedicarte al ejercicio de la abogacía como han hecho muchos de tus colegas? ¿Qué relación has mantenido con los abogados durante estos años?

M.C. Esta actividad de consultoría ha sido uno de los aspectos más gratificantes en mi vida de jurista. Además, como has dicho, el asesoramiento que he prestado ha sido muy heterogéneo: desde la emisión de informes jurídicos formales hasta la redacción de notas informales y la resolución verbal de dudas. En algunos casos las consultas se han referido a cuestiones procesales complejas. Otras veces han tenido por objeto el diseño de la estrategia procesal de un determinado caso. Los consultantes también han sido muy diversos. En su mayor parte se ha tratado de exalumnos abogados, pero tampoco han faltado operadores jurídicos públicos, como jueces y, sobre todo, secretarios judiciales, ahora llamados letrados de la administración de justicia.

En cuanto a la retribución de las consultas, he mantenido como criterio constante de actuación no pedir ningún pago ni fijar el importe de éste. He dejado este tema al juicio de los consultantes que estaban dispuestos a abonarme honorarios, remitiéndolos al administrativo del Departamento, Vicenç, para que tratara los términos del contrato de transferencia de conocimientos por la vía del art. 83 de la Ley de Universidades. Lógicamente, el cobro de honorarios ha quedado totalmente excluido cuando las cuestiones planteadas proceden de operadores públicos. Pero lo mismo ocurre, por otras razones, en los casos en que la consulta es planteada por un exalumno abogado que está en proceso de formación y de asentamiento profesional. Pedirles a estos consultantes el pago de honorarios me ha parecido inmoral.

Por otra parte, esta actividad de asesoramiento jurídico me ha aportado beneficios morales y pedagógicos enormes. Ante todo, cada vez que me han formulado una consulta, he tenido la sensación de que lo aprendido como estudiosos del Derecho tiene utilidad, sirve a la vida y a la convivencia social. Asimismo, esta actividad me ha ayudado como observatorio permanente de la realidad social, algo del todo impagable. Es una ventaja que ha revertido en la mejora de mi quehacer como profesor de Derecho, hasta el punto de que casi todos los casos prácticos y ejemplos que he utilizado en la enseñanza del Derecho Procesal provienen de ese contacto con la realidad jurídica.

Me preguntas si pensé en algún momento en dedicarme al ejercicio de la abogacía. Pues sí, hubo una época breve en que me planteé esa opción. Coincidió con los años en que se incrementó el coste de la educación de mis hijas, con la consiguiente dificultad para llegar a final de mes. Menos mal que mi mujer, Nuri, siempre ha sido una administradora magnífica. No sé cómo lo hacía, pero conseguíamos salvar el equilibrio financiero doméstico. Eso sí, a costa de algunas privaciones. Por ejemplo, tardamos muchos años en poder permitirnos unos pocos días de vacaciones fuera de la aldea.

Mi relación con los abogados ha sido muy intensa, tanto como la mantenida con mis colegas procesalistas. Ha sido una vinculación de vertiente doble: personal, es decir, con abogados concretos, como institucional, o sea, con los Colegios de Abogados. La faceta más relevante de esta relación ha sido la colaboración en tareas formativas organizadas por los Colegios de Abogados. En especial, ha habido algunas etapas en que prácticamente a diario impartí conferencias en los Colegios. Me refiero, sobre todo, a la época que medió entre la aprobación de la vigente Ley de Enjuiciamiento Civil y el transcurso de los primeros meses de aplicación de esta Ley. Date cuenta de lo que suponía para los abogados asimilar los nuevos esquemas procesales. Hice giras por buena parte de los Colegios de Abogados de Cataluña y de fuera de Cataluña, explicando las novedades introducidas por la Ley Procesal Civil.

E.F. Hemos empezado este capítulo hablando de los jueces, y lo terminamos hablando de los abogados. Creo que no podemos concluirlo sin tratar de la relación entre ambos, que me parece de suma importancia para entender la realidad del Derecho Procesal, y se trata de una cuestión que remite de nuevo al papel del juez y a su modo de decisión. También sobre ello se ha escrito mucho. Pienso en dos libros que me recomendaste: el de Luis Joaquin Garrigues, *Imágenes de una vida*: *Joaquin Garrigues*; y el de Luis Díez-Picazo, *Memoria de pleitos*. Tú que conoces la teoría y la práctica, ¿cómo definirías esta relación en la realidad? ¿O cómo crees que funciona? ¿Y cómo debería desarrollarse para un desarrollo óptimo del proceso?

M.C. Los dos excelentes libros que citas fueron publicados por sendos juristas y abogados de élite, lo que no impide que afronten con coraje los problemas cotidianos de los abogados y las relaciones de éstos con los jueces.

Sobre la relación procesal entre los jueces y los abogados, se han escrito cientos de páginas. Resumiendo mucho, se puede decir que se han propugnado dos grandes esquemas. El modelo tradicional, que procede del liberalismo clásico, defiende la separación de funciones y esferas de actuación de los jueces y abogados. El cometido esencial del abogado es la defensa de los derechos e intereses legítimos en controversia con el abogado contrario. Y la función del juez es resolver el conflicto jurídico valorando las alegaciones y aportaciones probatorias de ambos abogados, manteniendo una estricta imparcialidad. En este modelo el principio de rogación o instancia de parte es fundamental. Corresponde a los abogados, y no al juez, determinar el objeto litigioso y aportar los elementos fácticos y probatorios, sin perjuicio de que, por vía de excepción, se admitan algunos casos en que el juez puede acordar la práctica de prueba complementaria.

La aplicación de este modelo liberal en el proceso penal se acepta pacíficamente en lo que se refiere a la fase de juicio oral. Por el contrario, la fase previa de instrucción está presidida por el principio inquisitivo. Las discrepancias afectan al proceso civil. En este ámbito se defiende también un modelo alternativo, respecto del que los procesalistas ni siquiera se ponen de acuerdo en la forma de denominarlo: mientras que algunos autores hablan de proceso civil social, otros lo llaman proceso civil autoritario. Lógicamente, cada una de estas denominaciones llevan consigo otros tantos juicios de valor, que es positivo en el primer caso y negativo en el segundo. Franz Klein, célebre procesalista y ministro de justicia del Imperio Austro-húngaro, consiguió la aprobación de la Ordenanza procesal civil austríaca que lleva su nombre, y en la que diseñó un proceso civil con amplias facultades discrecionales de los jueces y la consiguiente reducción de las facultades procesales de las partes. Los defensores del otro modelo achacan a la Ordenanza austriaca poner en peligro la imparcialidad de juez, mientras que los paladines del proceso civil social reprochan al proceso liberal tolerar la desigualdad económica de las partes, al mantener al juez en actitud pasiva. Resta añadir que el modelo de Klein tuvo importantes imitadores, como fue el Código de procedimiento civil italiano aprobado en pleno fascismo en 1940, que entró en vigor en 1942 y en el que tuvieron una intervención destacada los grandes procesalistas Calamandrei, Carnelutti y Redenti. También hay que mencionar el Código procesal civil portugués, elaborado por el insigne procesalista Alberto dos Reis y promulgado en 1939. Por cierto, Dos Reis fue uno de los más destacados fundadores del régimen corporativo de Oliveira Salazar, de impronta netamente autoritaria.

Me preguntas sobre la relación entre jueces y abogados. Desgraciadamente, en estas relaciones predomina la desconfianza. Frente a esta situación hay pocas recetas, como no sea la organización mixta de actividades formativas que muestren a los jueces las preocupaciones de los abogados tomando como referencia casos ya cerrados, y permitan a los abogados ver las dudas y certezas que han presidido la actuación de los jueces.

E.F. Este Capítulo lleva en el título el nombre de otra profesión jurídica que desempeña un papel destacado en la Administración de Justicia por su intervención en la comunicación y en la ejecución procesal: los procuradores de los Tribunales. Se trata, sin embargo, de unos agentes que están presentes en muy pocos países, y cuya necesidad es a menudo cuestionada, quizá hoy con más motivo debido a los recursos que ofrecen las nuevas tecnologías. ¿Qué opinas de esta institución? ¿Crees que es actualmente imprescindible para el buen desarrollo de los procesos? ¿Y crees que lo seguirá siendo en el futuro?

M.C. Ante todo, déjame decirte que he mantenido una larga e intensa colaboración profesional con los Procuradores. De hecho, el Consejo General de Procuradores de España tuvo a bien conferirme el premio Procura de 2019, que agradezco enormemente.

Ciertamente, la profesión del Procurador, tal y como está configurada en España, es una *rara avis* en el panorama europeo. Pero esto no quiere decir, ni mucho menos, que sea una figura inútil. Lo que ocurre es que, como todo en la vida, la Procura está necesitada de una urgente evolución.

El Procurador desempeña una doble función. Por un lado, es el representante procesal de la parte. En este cometido ejerce una labor de seguimiento de los procesos y relaciones con el personal judicial que es muy útil para el abogado, porque permite a éste concentrarse en los aspectos de fondo del proceso. Por otra parte, el Procurador es un colaborador de los tribunales. En esta faceta tiene un creciente protagonismo en los actos de comunicación procesal y de ejecución. Es esta vertiente la que debe evolucionar, atribuyendo al Procurador facultades más importantes de intervención procesal, sobre todo en el ámbito de la ejecución procesal.

Un punto crucial en esa necesaria evolución es permitir a los Procuradores, bajo el control de los Letrados de la Administración de Justicia, que puedan acceder al Punto Neutro Judicial. La mayor parte de la información relativa al patrimonio del ejecutado que se recaba en el proceso de ejecución se obtiene a través del Punto Neutro Judicial, que está integrado por un conjunto de bases de datos a las que el Letrado de la Administración de Justicia, o el funcionario judicial autorizado por el Letrado de la Administración de Justicia, pueden acceder directamente, a pesar de que la titularidad de esas bases de datos corresponde a otros organismos y entidades, que las ponen a disposición de los órganos judiciales en aplicación de diversas disposiciones legales o en cumplimiento de convenios de colaboración celebrados con el Consejo General del Poder Judicial. Forman parte del Punto Neutro Judicial las bases de datos pertenecientes, entre otros organismos públicos, a los siguientes: Consejo General del Poder Judicial, Agencia Estatal de la Administración Tributaria (que en la práctica es la fuente de información patrimonial más relevante), Colegio de Registradores de la Propiedad y Mercantiles de España, Dirección General del Catastro, Fondo de Garantía Salarial, Instituto Nacional de Empleo y Tesorería General de la Seguridad Social. Asimismo, el Letrado de la Administración de Justicia o el funcionario autorizado por éste pueden acceder a bases de datos correspondientes a Bancos y Cajas de Ahorro al amparo de los convenios de colaboración suscritos por el Consejo General del Poder Judicial con la Asociación Española de Banca y con la Confederación Española de Cajas de Ahorro.

Si no se produce la evolución de la que estoy hablando, el papel del Procurador tenderá a ser cada vez más residual.

E.F. Al hilo de la anterior pregunta, y puesto que ya hemos hablado de las nuevas tecnologías —y en particular de la IA— en la enseñanza del Derecho, y en su aplicación por parte de los jueces, no podemos obviar las numerosas cuestiones que suscita su utilización por parte de todos los agentes que intervienen en los procesos judiciales, y en particular de los abogados. No se trata de un futurible sino de una realidad que los despachos y los Colegios ya están afrontando, conscientes de que los avances en este campo se producen con gran rapidez. ¿Cómo crees que ello va a influir en el ejercicio de la abogacía? ¿Puede transformar esta actividad, como ya lo ha hecho por ejemplo con la prensa, la banca, la medicina o el turismo? ¿Cómo ves el funcionamiento de los tribunales en un futuro dominado por la IA? ¿Crees que se van a plantear problemas jurídicos con los derechos y las garantías del proceso?

M.C. Vaya por delante que yo no soy un experto en IA, aunque he procurado aprender algo con la lectura de las monografías y los estudios que varios de mis colegas han dedicado a la incidencia de la IA en la administración de justicia. Incluso me atreví a publicar una reseña sobre una de esas monografías, en concreto la obra *Derivas de la justicia: tutela de los derechos y solución de controversias en tiempos de cambio* de la que es autora mi compañera y amiga Teresa Armenta.

La IA está teniendo ya una influencia importante en el ejercicio de la abogacía, sobre todo en el tratamiento de datos, especialmente los jurisprudenciales. Hasta hace no muchos años, cuando un joven abogado empezaba a trabajar como becario en un bufete, una de las tareas fundamentales que debía desempeñar era la búsqueda de jurisprudencia a través de la consulta de las bases de datos tradicionales. Hoy ese quehacer está siendo reemplazado por la IA.

Pero el uso de la IA no se va a quedar en este punto. Hace pocos días me decía un abogado que le había pedido a un conocido programa de IA que preparara un interrogatorio de un testigo. Y me comentaba que el resultado era perfectamente asumible.

En cuanto al funcionamiento de los tribunales en un futuro dominado por la IA, creo que hay que distinguir dos aspectos muy diferentes. Mientras la IA se aplique al tratamiento de datos, para ganar en eficiencia procesal, no me parece preocupante. El peligro serio radica en el uso de la IA por parte de los jueces en su actividad enjuiciadora. La línea que separa ayudarse de la IA para mejorar el enjuiciamiento y confiar a la IA el enjuiciamiento mismo es muy tenue. Con todos los riesgos que ya hemos comentado, porque nuestro sistema constitucional está configurado sobre la base de que el enjuiciamiento es una función exclusiva de los jueces y magistrados, y no de las máquinas ni de los algoritmos.

Me preguntas por los problemas jurídicos que la IA puede provocar en el ámbito de las garantías procesales. Estos problemas son innegables y graves. Precisamente el reciente Reglamento europeo de inteligencia artificial hace hincapié en que los dos objetivos fundamentales de esa normativa son, por una parte, fomentar el uso de la IA, y, por el otro, proteger los derechos fundamentales frente los abusos que se pueden producir en este terreno.

Libros, bibliotecas, archivos

E.F. En el primer Capítulo decías que la lectura ha sido la gran pasión de tu vida, y ello nos lleva a hablar de los libros. Escribió Montaigne es sus Ensayos (III, 3) que las relaciones de amor y de amistad son «fortuitas y dependientes de los demás», pero que la relación con los libros «es más segura y más nuestra». Y añade: «Ésta me acompaña toda mi vida, y me asiste por todas partes. Me consuela en la vejez y en la soledad. Me descarga del peso de una modesta ociosidad; y me libra, a cualquier hora, de las compañías que fastidian. Sofoca las punzadas del dolor, cuando no es del todo extremo y dominante». ¿Cuál es tu relación con los libros?

M.C. Mi relación con los libros ha venido presidida por una pasión absorbente, que en estos últimos años ha tenido que moderarse por los graves problemas de salud que vengo padeciendo. Pero, por lo demás, Montaigne tiene toda la razón, salvo, quizás, en el origen de nuestra relación con cada libro en particular. Hay ocasiones en que el encuentro es fortuito. Por ejemplo, al ojear el escaparate de una librería ves un libro que te resulta llamativo por los motivos que sean (cubierta, tema, etc.), lo hojeas un poco y la atracción se confirma. Pero debemos reconocer que, en la mayor parte de los casos, el libro nos viene recomendado por alguien, normalmente un amigo con preferencias similares a las nuestras. Al menos ésta ha sido mi experiencia y creo que también la tuya. Nos hemos recomendado y prestado mutuamente muchos libros. Esto tiene una importante ventaja: cuando el consejo procede de un lector con gustos parecidos, contamos ya con una garantía de acierto.

A mí, como a Montaigne, los libros me han acompañado en los lugares más insólitos, como los hospitales. Y no sólo en las habitaciones de planta, sino también en la UCI. Claro está que la lectura en la UCI puede resultar prácticamente imposible. Pero de lo que se trata es de otra cosa que dice Montaigne: la compañía de los libros nos consuela en la soledad, el sufrimiento y la desolación.

Como te decía, en las tres veces que he estado en la UCI durante estos tres últimos años he estado acompañado de algún librito, aunque no haya podido leer, salvo en ratos muy concretos, cuando me encontraba ya un poco mejor. Los médicos me lo permitían y yo necesitaba sentirme acompañado. En la primera estancia en la UCI, que coincidió con una de las épocas más duras del aislamiento por la pandemia del COVID, no dejaban entrar a familiares en la habitación. Sólo permitían a Nuri que viniera un ratito, y nos veíamos a través de un cristal. Bueno, nos comunicábamos escribiendo en una pizarra. Me trajo una pizarra Nuri y ella tenía otra. En esas condiciones sentí muy cercana la compañía del librito. Los libros han sido para mí compañeros extraordinarios, compañeros que te permiten asomarte a ellos y vivir otras vidas. Una de mis muchas limitaciones ha sido la aerofobia, que empecé a sufrir desde joven. Esto me ha impedido salir de Europa, pero, gracias a los libros, he «vivido» en América, en Asia, en todo el mundo.

No he leído en los aviones, pero sí, y mucho, en los trenes. Cuando en mi mocedad residía entre Terrassa y mi aldea leonesa, viajaba en el tren que llamaban gallego, porque iba desde Barcelona, a Vigo y A Coruña, y que los viajeros tildaban de «tren burriquero», por la lentitud y el carácter destartalado de las instalaciones. En mi asiento de segunda clase (ya no había en aquel tren asientos de tercera) me he pasado dieciséis o diecisiete horas consecutivas leyendo, con una pequeña pausa para comer el bocadillo. Leí en aquel tren, entre otras muchas, obras clásicas como *El conde de Montecristo*, o *Humillados y ofendidos* de Dostoyevski. Recuerdo aquellas horas, y las transcurridas leyendo en otros trenes, como algunas de las más felices de mi vida porque la lectura llevaba añadido el aliciente de viajar en tren, mi medio de trasporte favorito.

Montaigne afirma con una precisión magistral que esa compañía «sofoca las punzadas del dolor, cuando no es del todo extremo y dominante». Esto mismo me ha ocurrido en infinidad de ocasiones, sobre todo en los últimos años, acompañados por el dolor y las dolencias. No te puedes imaginar el alivio que siento cuando en plena sesión de diálisis, acosado por los mareos y la debilidad, leo el libro que me he llevado ese día a la clínica, que muchas veces es una relectura de una obra que en el pasado me impresionó. Si multiplicas tres días a la semana por cinco horas cada día, son quince horas de lectura disponible. Esto no quiere decir que todos los días de diálisis esté en condiciones de leer durante todas las horas que dura la sesión. Pero raro es el día que no lea algo. La verdad es que el personal sanitario, al que envío desde aquí mi agradecimiento, es muy comprensivo con estas necesidades de los pacientes.

La pasión por la lectura ha sido expresada con una maestría insuperable por Cervantes, cuando, ya mayor, contaba que de joven leía hasta los papeles rotos que encontraba en la calle.

E.F. Hablas del libro como un objeto mágico. Se podría decir que uno convive con él, como algo (o alguien) que te acompaña silenciosamente en una habitación..

M.C. Sí, el libro como un objeto mágico. Lo he visto así ya desde mi niñez, cuando veía leer a mi abuela, que se olvidaba del mundo, se olvidaba de lo que la rodeaba, mirando aquel objeto, el libro, que para mí era y sigue siendo mágico.

Pronto esa sensación se vio confirmada gracias a los cómics. Podía leer los libros de mi abuela, pero no me enteraba de nada. En la escuela disponíamos de unos pocos libros más, pero no se podían llevar a casa. Fue entonces cuando descubrí los cómics. En realidad, yo no tenía cómics. Mis padres no se podían permitir comprármelos. Los primeros libros que me regalaron eran ya libros que ellos juzgaban de provecho, después de aconsejarse con la maestra o el cura.

Pero, durante los largos meses de verano, venían de vacaciones a mi aldea niños de mi edad, que vivían en la ciudad y eran hijos de emigrantes del pueblo o de alguna aldea cercana, que habían salido a trabajar a Asturias, Madrid, el País Vasco o Cataluña. Y estos niños traían al pueblo algo que yo no conocía: los cómics. Me prestaban los que ya habían leído, con el inconveniente de que, al finalizar el verano, se iban de nuevo a la ciudad con sus cómics. Hay que decir que el préstamo no era gratuito, porque, a cambio, yo les enseñaba cosas de las plantas y de los animales, de las que no tenían la menor idea.

Comoquiera que sea, he conservado hasta ahora la sensación de los libros como objetos mágicos.

E.F. No sé si tú cultivas un cierto fetichismo, o das preferencia al uso sobre la posesión de los libros.

M.C. Es curiosa la evolución que he experimentado en este aspecto. Durante muchos años sentí un cierto fetichismo por los libros. Si había leído *El Lazarillo* en tal edición, me gustaba releerlo en esa edición, y rehusaba comprar otras versiones por más eruditas y hermosas que fueran. Ahora bien, ese fetichismo nunca ha llegado al punto de negar el préstamo a un amigo de cualquiera de mis libros, a veces sin calidad de devolución. Ya se sabe aquello que se dice de los libros: llevan muy mal que se los cedas a otra persona.

Pero, con el paso del tiempo, el uso se ha ido imponiendo a la posesión. Salvo muy contadas obras que prefiero tener en mi biblioteca a disposición permanente para su relectura o consulta, no me importa leer los libros que encuentro en las bibliotecas públicas o que me prestan mis amigos, como sabes por experiencia propia.

Seguramente la principal razón de este cambio no es tanto de carácter intelectual como práctico: disponemos de tan poco espacio físico, que no queda más remedio que reducir drásticamente las adquisiciones. Nuri se encarga de ir repitiéndome que ya casi no nos queda espacio en el piso para colocar nuevos libros.

Y, por supuesto, los libros son, como tú dices, compañeros silenciosos que encontramos ahí, a mano, sabiendo que en cualquier momento podemos abrirlos para vivir otra vida. Podemos avivar toda la amplia gama de sentimientos humanos con sólo iniciar la relectura de un libro o de un pasaje cualquiera.

Ese sentimiento de estar acompañado por los libros y dialogar con los autores de éstos fue expresado magistralmente por Francisco de Quevedo en la primera estrofa de su célebre soneto:

> «Retirado en la paz de estos desiertos, con pocos, pero doctos libros juntos, vivo en conversación con los difuntos, y escucho con mis ojos a los muertos».

E.F. Como decías, tú y yo llevamos años intercambiándonos libros, y recientemente nos hemos iniciado con los libros electrónicos y los audiolibros, que no nos parecen equiparables a los de papel. ¿Cómo ves las diferencias entre los distintos formatos? ¿Crees que la lectura es distinta según el soporte que utilices?

M.C. Los libros electrónicos y los audiolibros son instrumentos valiosísimos, complementarios de los libros. De hecho, yo los utilizo mucho, sobre todo en mis sesiones de diálisis, por la comodidad que ofrecen. Y hacen posible que accedan a las obras publicadas en formato audiovisual muchas personas que, por sus limitaciones físicas o por otras razones, no podrían hacerlo.

Te contaré una anécdota que muestra el avance que suponen los audiolibros. Mi profesor de Derecho Internacional Público Miguel A. Marín Luna me dio clase en el curso 1976-1977, recién regresado del exilio. Y nos contaba que, cuando era niño, un señor ciego y muy rico que vivía, como él, en Figueres lo contrató para ir a leerle en su casa dos horas cada tarde. Es decir, estamos hablando de un lujo, que ahora está al alcance de cualquiera por un precio modesto.

Pero, a pesar de todo, creo que la lectura auténtica es la de los libros. En esto pertenezco a la vieja escuela.

E.F. Tu respuesta me suscita el interés por conocer los libros que tienes en tu biblioteca, la de tu casa o la de tu despacho en la Facultad. Esta es una curiosidad de lector y de académico: ver los libros que las personas tienen en sus bibliotecas nos parece que dice mucho de ellas, de sus intereses, de sus inquietudes, y quizá de su vida. ¿Qué tipo de libros figuran en tu biblioteca? ¿Qué criterios aplicas para decidir que un libro merece estar en ella? ¿Y qué criterios utilizas para ordenarlos en las estanterías?

M.C. La biblioteca que tengo en mi despacho de la Facultad es mínima, y está integrada por libros jurídicos, sobre todo de Derecho Procesal, aunque tampoco faltan algunos libros de historia y de humanidades en general. Dentro de los libros de Derecho Procesal, predominan los manuales. Y todos ellos conviven con las tesis doctorales que he dirigido o que he juzgado como miembro del correspondiente tribunal.

En cuanto a la biblioteca de mi casa, ocupa casi toda la planta superior del dúplex en el que vivo, y se compone de dos estancias, una bastante más grande que la otra.

Se accede directamente a la estancia más amplia por la escalera que conecta las dos plantas del dúplex. Un tercio de las estanterías de la pared izquierda contiene libros no jurídicos. Es la parte más próxima a la escalera. Las estanterías más bajas de esa parte, es decir, las que se pueden ver y consultar sin necesidad de escalera móvil, incluyen dos grupos de libros: las obras completas de mi amigo José Jiménez Lozano, fallecido al comienzo de la pandemia, y libros de poesía. En las estanterías superiores hay libros de memorias y biografías que van desde la M hasta la Z (ordenados alfabéticamente por los apellidos de los autores de las memorias o de los biografiados, respectivamente).

En las siguientes estanterías de la pared izquierda hay libros jurídicos, también preferentemente de Derecho Procesal. Estos libros no están ordenados conforme a ningún criterio, pero yo sé dónde están todos ellos. Ahora lamento esta falta de orden, porque mis problemas de movilidad me impiden, casi totalmente, subir a la biblioteca, por lo que necesito la ayuda de Nuri para buscarme los libros, con los consiguientes quebraderos de cabeza para explicarle bien dónde se encuentra el libro que necesito. Nos comunicamos por móvil, y yo le voy dando indicaciones sobre el color de la cubierta del libro, su tamaño, etc. Hasta ahora, siempre hemos localizado todos los libros buscados.

En la pared que da enfrente de la escalera, está la ventana de la biblioteca. En cuanto a las estanterías de la pared derecha, que son bastante más amplias que las de la pared izquierda, hay una primera estantería con libros de historia, ciencia política, economía y humanidades. Las restantes estanterías comprenden libros jurídicos, sobre todo de Derecho Procesal, pero también manuales de otras disciplinas jurídicas. En una parte de una de estas estanterías están los ejemplares de mis libros. Tampoco aquí hay un orden predeterminado, lo que nos exige, a Nuri y a mí, un esfuerzo complementario para localizar el libro que me interesa en cada ocasión.

Debajo de las estanterías, hay pequeños armarios cerrados que contienen el material de archivo que he ido reuniendo y diversos trabajos inéditos míos, algunos doctrinales y otros dictámenes. Además, en estos armarios hay más libros, sin un orden concreto, lo que complica más las búsquedas porque se mezclan libros jurídicos con libros no jurídicos.

En cuanto a la estancia menor de la biblioteca, las estanterías de la pared izquierda incluyen libros de memorias y biografías, que van desde la A hasta la L, ordenadas con arreglo al mismo criterio de las restantes memorias y biografías. En las estanterías de la pared derecha, que es mucho más amplia que la otra, sólo hay libros de literatura, ordenados alfabéticamente atendiendo al apellido del autor.

Como puedes imaginarte, los libros que están ordenados lo están gracias a Nuri. Ella es la que se ha ocupado de esta tarea. No ha ordenado los libros jurídicos porque he sido incapaz de darle un criterio único y adecuado.

Los problemas de movilidad que padezco han sido una losa para mí, porque me gustaba pasar horas en la biblioteca ojeando este o aquel libro. Y ahora no puedo pedirle a Nuri el sacrificio añadido de que me baje todos los libros que en cada momento tengo el capricho, no la necesidad, de consultar.

E.F. Ya conozco tu atracción por las memorias y las biografías, por lo que no me extraña que ocupen un apartado propio en tu biblioteca.

M.C. Creo que es una atracción que compartimos, desde luego. Aproximadamente una quinta parte de mi biblioteca son libros de memorias y biografías.

E.F. Pero también conozco tu querencia por cierta literatura española y, especialmente, por la poesía. ¿Puedes explicar tus lecturas en este género?

En efecto, me gusta mucho la lectura de poesía, fundamentalmente la escrita en castellano. Creo que me resulta muy difícil percibir los sentimientos expresados por un poema traducido al castellano. Mi lista de poetas preferidos es amplia. Citaré sólo unos pocos: Fray Luis de León, San Juan de la Cruz, don Antonio Machado, Luis Cernuda, Miguel de Unamuno y Juan Ramón Jiménez. Posteriormente me referiré a los motivos de esta selección, que afectan también a mis lecturas de obras españolas en prosa.

E.F. En varias ocasiones te has referido a tu amistad con José Jiménez Lozano, y a tu preferencia por la lectura de sus obras. ¿Puedes contar algo más de esta relación?

M.C. Jiménez Lozano era periodista de profesión. Trabajaba en *El Norte de Castilla*, el conocido periódico de Valladolid dirigido por Miguel Delibes, aunque también colaboraba en varias revistas, sobre todo en *Destino* de Barcelona. En su juventud destacó por ser un periodista católico muy crítico con la Iglesia oficial. Cuando se convocó el Concilio Vaticano II, *Destino* envió a Lozano a Roma como corresponsal del Concilio.

Ya con treinta y tantos años, comenzó a escribir novelas y cuentos, además de ensayos, poesía y una serie fantástica de diarios, que son muy valiosos para los lectores, porque en ellos da cuenta de sus lecturas más recientes. También sus ensayos son espléndidos. Entre ellos figura una historia de los cementerios civiles españoles, es decir, los lugares de enterramiento de los españoles que murieron fuera de la Iglesia Católica. Hay en esta obra historias personales espeluznantes. Entre los personajes de su obra narrativa, predominan los seres humanos desvalidos, desgraciados, «pobres gentes».

Su estilo literario es sumamente llano y sencillo, pero, a la vez, de una riqueza léxica imponente. Le gustaba autodenominarse «escribidor». No es muy conocido. Desde este punto de vista, se podría decir que es un escritor de minorías o de culto. Él se tomaba a broma esto y comentaba que cada escritor tiene los lectores que le corresponden, ni más ni menos. Y son los lectores que están en la misma longitud de onda del autor.

Yo lo venía leyendo desde los años setenta del siglo pasado, pero no lo conocía personalmente. Un día, allá por el otoño de 2001, estaba tomando café en Barcelona con mi compañera y amiga Victoria Berzosa, Viqui, Profesora Titular de Derecho Procesal de la Universidad de Barcelona. Estuvimos hablando de literatura y la conversación recayó en la obra de Lozano, por la que mostré a Viqui mi admiración. Me dijo que Lozano había sido íntimo amigo de José Velicia Berzosa, sacerdote y primo hermano de Viqui. De hecho, ambos, Lozano y Velicia, idearon aquel extraordinario proyecto que fue *Las Edades del Hombre,* mediante el que se trataba de acercar el arte religioso clásico a la gente que normalmente no acude a museos.

El caso es que Viqui me dijo que tenía el teléfono de Lozano. Y lo llamó, pasándome la llamada. Nunca había hablado con él hasta entonces. Aprovecho para añadir que mi gran amistad con Viqui se extendió a su hermana Amelia y a otros familiares y amigos de Viqui.

Al verano siguiente, ya en 2002, quedamos con Lozano y su esposa Dora para reunirnos a comer en Valladolid. Él vivía en Alcazarén, un pequeño pueblo situado a unos 20 kms. de Valladolid. Aquello terminó por convertirse en un rito, porque Nuri, yo y otros pocos amigos nos veíamos cada verano con Lozano y Dora para comer y charlar durante horas deliciosas en el jardín de su casa. Además, cada poco tiempo yo llamaba a Pepe por teléfono para conversar durante un tiempo que nunca se sabía cuánto podía durar.

A finales de 2002, se le concedió el premio Cervantes de 2003. Y tuvo la generosidad de darme una de las pocas invitaciones de las que disponía para asistir al acto de entrega del premio en el Paraninfo de la antigua Universidad de Alcalá.

Nuestra relación desembocó en una entrañable amistad, hasta su fallecimiento en marzo de 2020, cuando estaba a punto de cumplir 90 años.

Hace poco tiempo se han comenzado a editar las obras completas de José Jiménez Lozano. Hasta ahora han aparecido los dos primeros volúmenes.

E.F. Se ha señalado por los expertos las numerosas ventajas que reporta la lectura: desde el desarrollo de las capacidades cognitivas hasta la expansión de las habilidades emocionales y sociales, pasando por otros beneficios que mejoran nuestra vida. Pero todos coinciden en que tales ventajas solo se dan si se trata de la lectura de libros (no de mensajes, blogs, correos, etc.), y se realiza en determinadas condiciones. ¿Cuáles crees que son las condiciones que han de darse para que una lectura sea provechosa y satisfactoria?

M.C. Sin duda, el marco ideal para una lectura placentera es el silencio y el sosiego, junto a la ausencia de dolor físico intenso o de sufrimientos lacerantes. Estas condiciones facilitan la inmersión del lector en el libro y propician el «diálogo» entre el lector y el autor. Ése es mi entorno preferido.

A propósito de esta cuestión, hay una carta hermosísima que Maquiavelo remitió a su amigo Francesco Vettori, embajador de la República Fiorentina en Roma, en la que le cuenta el discurrir de una jornada en San Casciano, el pueblo en el que Maquiavelo estaba confinado por orden de los Medici. Después de describirle los trabajos que realiza en sus tierras, e informarle de que lleva algún libro de poesía con él al campo (otra vez el libro como compañero), le dice que va a comer a casa y se traslada después a la taberna: «ahí está el tabernero, y habitualmente un carnicero, un molinero, dos panaderos. Con éstos me encanallo todo el día jugando [...], de lo cual nacen mil conflictos e infinitos incidentes de palabras injuriosas, [...] los gritos se oyen desde San Casciano. Así revuelto entre estos piojos saco el cerebro del moho, y desahogo la malignidad de esta suerte mía, y me alegro de que me pisotee de esta manera, por ver si no se avergüenza».

Pero, a continuación, Maquiavelo se recrea en contarle a su amigo cómo termina la jornada: leyendo y dialogando plácidamente con los grandes autores. Es una oda a la lectura disfrutada en las circunstancias que decíamos: «Cuando llega la noche, regreso a casa y entro en mi escritorio, y en el umbral me quito la ropa cotidiana, llena de fango y de mugre, me visto paños reales y curiales, y apropiadamente revestido entro en las antiguas cortes de los antiguos hombres donde, recibido por ellos amorosamente, me nutro de ese alimento que sólo es el mío, y que yo nací para él: donde no me avergüenzo de hablar con ellos y preguntarles por la razón de sus acciones, y ellos por su humanidad me responden; y no siento por cuatro horas de tiempo molestia alguna, olvido todo afán, no temo a la pobreza, no me asusta la muerte. Me entrego enteramente a ellos». Es un texto precioso.

No obstante, también he sido capaz de lograr una lectura gratificante en circunstancias muy distintas, como en la sala de espera de una estación, o en un tren, o en un autobús, con tal de que pueda sentarme y no me avasallen los vecinos. Incluso, con mis nietos saltando sobre mis hombros, puedo leer. Pero, desde luego, las condiciones óptimas son las mencionadas anteriormente.

E.F. Uno de los espacios más adecuados para la lectura y el estudio son sin duda las bibliotecas, en las que rodeados de libros encontramos un clima propicio para aquellas actividades, pero también para la concentración, la reflexión e incluso la creación. Los que te conocemos sabemos que eres un gran usuario de las bibliotecas, y quizá aún más de los archivos, en los que has pasado incontables horas. Me gustaría que explicaras tu relación con ambos. ¿Cuáles has frecuentado y utilizado más en tus trabajos académicos? ¿Qué tipo de actividad has llevado a cabo en ellas?, ¿Qué sensaciones y experiencias has vivido en ellas?

M.C. Estoy de acuerdo en que las bibliotecas son el espacio más adecuado para la lectura, la reflexión y la creación intelectual. He sido un usuario entusiasta de las bibliotecas públicas. Las he frecuentado constantemente, sobre todo la de nuestra Facultad y la de Humanidades de la Autónoma. Y casi siempre lo he hecho pertrechado de bolígrafo y papel, para tomar notas y redactar primeros borradores de textos. Ahora, desgraciadamente, ya no puedo asistir por los graves problemas de movilidad que sufro, y tengo que consolarme con pedir libros a préstamo.

Recuerdo, y supongo que seguirá siendo así, que, fuera de las épocas de exámenes, nuestra biblioteca, especialmente por las tardes, estaba casi vacía, lo que reforzaba el clima que has descrito. Cuando penetraba en la biblioteca al caer la tarde, me sentía como un hombre medieval que, al final de su jornada de trabajo en el campo, acudía a una de las hermosas catedrales e iglesias que se construyeron en aquel tiempo.

Como dices, también he sido un gran usuario de los archivos públicos. He pasado horas incontables en ellos, sobre todo en el Archivo General de la Administración de Alcalá de Henares, en el Archivo Histórico Nacional de Madrid y en el Centro Documental de la Memoria Histórica de Salamanca.

También en el Archivo de Simancas y en varios archivos de Universidades, en especial el Arxiu Històric de la Universitat de Barcelona.

Mientras que he utilizado las bibliotecas para la lectura en general y para la investigación jurídica e histórica, el trabajo en los archivos ha estado dirigido exclusivamente a la investigación histórica. Los archivos han sido algo así como mi laboratorio historiográfico. En realidad, lo poco que yo haya podido contribuir a los estudios de historia procesal se basa en la investigación realizada en los archivos. Mi intención siempre ha sido aportar, como elemento diferenciador respecto de los estudios de historia procesal efectuados por otros procesalistas, la información obtenida en las búsquedas de archivo, procurando trabajar como lo hacen los historiadores. Que haya conseguido o no ese objetivo no soy yo quién para decirlo.

Por supuesto, para poder desenvolverme con cierta soltura en los archivos, he necesitado una formación básica. Y aquí han sido fundamentales los consejos y las enseñanzas de mi querido amigo Carlos Petit. Lo bueno es que, una vez aprendes a trabajar en un archivo, esa formación te sirve para cualquier otro, aunque esté organizado de forma distinta.

Las sensaciones que he experimentado al trabajar en los archivos son similares a las que he mencionado respecto de las bibliotecas, salvo que en los archivos se acentúa el carácter colaborativo del trabajo de investigación. En una biblioteca el lector puede retirar personalmente de los estantes los libros que estén a su disposición. Por el contrario, en los archivos necesita contar con la cooperación de los archiveros (sería más exacto decir archiveras, porque casi todas son señoras), que son gente maravillosa, y que nos van a buscar y traer los documentos y expedientes que les pidamos, y en ocasiones nos orientan en cuestiones metodológicas.

Otra diferencia es la sensación de hallazgo que se tiene, en ocasiones, en un archivo. Quiero decir que, cuando en una biblioteca descubrimos una información que desconocíamos, sabemos que, al menos otra persona, es decir, el autor del trabajo, conoció antes que nosotros esa información, aunque se refiera a hechos realizados por otras personas. Por el contrario, en los archivos se hacen, de tanto en tanto, hallazgos de hechos o datos que no han sido conocidos por nadie, excepto por la persona que llevó a cabo ese mismo hecho. Te cuento un caso de mi experiencia. En cierta ocasión estaba estudiando el expediente que se conserva en el Archivo General de la Administración sobre Josep Ramon Xirau Palau, catedrático de Derecho Procesal de la Universidad de Barcelona desde mediados de los años veinte del siglo pasado hasta su exilio, producido al final de la guerra civil. Comprobé que, antes de acceder a la cátedra de Procesal de la Universidad de Barcelona, se había presentado a unas oposiciones convocadas para cubrir la cátedra de Mercantil de esa misma Universidad, y que había realizado el primer ejercicio, que era escrito, dejándolo en un sobre cerrado, para efectuar su lectura ante el tribunal al día siguiente. Pero Xirau se retiró de las oposiciones, sin llegar a leer su ejercicio. Y el sobre había permanecido cerrado desde los años veinte del siglo pasado hasta que yo lo abrí.

E.F. Pasemos de los libros a las lecturas. Los que tenemos el hábito de la lectura, a veces llevamos a cabo una organización de la misma. Por ejemplo, las horas del día en que leemos (si podemos), o el tipo de lectura que realizaremos en el tiempo que disponemos. Incluso llevamos una suerte de planificación de las lecturas que realizaremos en las próximas semanas e incluso meses. ¿Cómo organizas tus lecturas?

M.C. Siempre he procurado combinar la planificación de mis lecturas con los cambios espontáneos del plan inicial. En principio, la elección de las lecturas que haré durante las próximas semanas la tomo basándome en diversos criterios, y principalmente en los siguientes: los autores, los temas de los respectivos libros, las críticas literarias si proceden de críticos que me resultan fiables y las recomendaciones de mis amigos lectores, entre los que tú ocupas un papel destacado. Pero con frecuencia ocurre que, iniciada la lectura planeada de los libros, tengo noticia de la publicación de otro libro que, por el tema o por el autor, me interesa más. Entonces, aparco la lectura en la que estaba enfrascado y leo la nueva obra, reanudado después el planeamiento inicial.

En los periodos en que no he encontrado para leer nada que me convenza, releo libros de mi biblioteca. Por lo general, estas relecturas son extraordinariamente gratificantes, porque, entre otras cosas, permiten comprobar la faceta creadora de la lectura, es decir, cómo la lectura es obra conjunta del autor y del lector, de manera que el cambio de edad y demás circunstancias vitales del lector hacen que la relectura sea, en realidad, una lectura novedosa.

En cuanto a los horarios de lectura, he modificado drásticamente mis hábitos. Desde los tiempos de estudiante, leía en dos franjas horarias: un rato al caer de la tarde y después de cenar. Esta última franja podía durar dos o tres horas, pero muchos días se extendía hasta las cuatro o las cinco de la madrugada. La consecuencia era que, respecto de las actividades académicas o reuniones que debían celebrarse antes de la mitad de la mañana, sufría un suplicio enorme, que combatía con cafés y (¡ojalá no lo hubiera hecho!) cigarrillos. Cuando la reunión o el acto académico dependía de mí, procuraba retrasarlo todo lo posible, o como decían mis amigos «hasta bien entradita la mañana».

Pero, como te decía, en los últimos años, debido a mis constantes problemas de salud, he tenido que variar los horarios. Como siempre he hecho, me levanto tarde, salvo los días que tengo programadas temprano visitas o pruebas médicas en el hospital. Tanto en uno como en otro caso, la mañana no me cunde demasiado, y sólo excepcionalmente leo antes de la comida. Por el contrario, la tarde es larga, porque ceno sobre las diez de la noche. Es en la tarde donde concentro mis lecturas. Y, a diferencia de los horarios que seguí durante la mayor parte de mi vida, después de cenar no leo, y me acuesto mucho antes que en el pasado.

E.F. Los lectores también tomamos decisiones sobre el tipo de obras que leemos, que pueden variar con los años. En este sentido existe una extensa gama según las preferencias: los que solo leen literatura, o incluso solo un determinado tipo de literatura; los que solo leen literatura de actualidad, o por el contrario solo a los clásicos; los que solo leen ensayo porque creen, como dijo Pla, que a partir de los cuarenta ya no deben leerse novelas. En fin, también hay quien combina lecturas de distintos géneros. ¿Cuáles son las obras que forman parte de tus lecturas, además por supuesto de las académicas? ¿Eres un lector especialista en un determinado género o autor?

M.C. Decir que soy especialista en un determinado género literario o en un autor sería excesivo. Lo que sí tengo son preferencia por determinados géneros. Soy un lector entusiasta de memorias y, sobre todo, biografías. Respecto de los personajes que me interesan especialmente, puedo tener en mi biblioteca hasta siete u ocho biografías. Un efecto reflejo de esta preferencia consiste en que la mayor parte de mi labor historiográfica está destinada a estudiar las trayectorias vitales de numerosos procesalistas, sin perjuicio de analizar también su obra doctrinal.

A continuación, viene mi interés por la lectura de los ensayos y las investigaciones históricas. Sigo bastante al pie de la letra el consejo de Pla. Hasta los treinta y tantos años, fui un lector acérrimo de novelas y cuentos. Pero desde entonces ya no lo soy, de manera que actualmente sólo leo novela de forma esporádica, sea porque me lo aconsejen, respecto de una concreta novela, amigos con gustos literarios similares a los míos, sea por mi condición de admirador del autor de la novela. Y, cuando digo que apenas leo novela, incluyo también la novela histórica, que, salvo contadas excepciones, no me interesa.

Algo muy distinto es lo que me ocurre con la relectura, que sí abarca las novelas y relatos breves que, en su día, leí con deleite. Claro está que sigo releyendo *El Quijote o La Celestina,* por mencionar un par de ejemplos.

Te refieres a los que sólo leen literatura o únicamente leen obras clásicas. Si nos referimos conjuntamente a la lectura y a la relectura, en el ámbito estricto de la literatura, durante las últimas décadas de mi vida he sido preferentemente un lector de literatura clásica. De ordinario se trata de relecturas de obras clásicas, pero también incluyo la lectura por primera vez de obras de autores clásicos que, por una u otra razón, no me interesaron en el pasado.

E.F. No sé si te ha ocurrido alguna vez pensar en todos los libros que has llegado a leer desde que empezaste de pequeño, o más bien en tu juventud. Seguro que es imposible acordarse de todos, pero sí de muchos, y con toda seguridad de aquéllos que nos han quedado, que han dejado una impronta o que nos han marcado de alguna forma. Tú que tienes una memoria prodigiosa, ¿Qué libros o qué autores incluirías en una selección de lo que podríamos llamar los libros de tu vida?

M.C. Ciertamente, es imposible acordarme de todos los libros que he leído. Cuestión distinta es que me pregunten si he leído o no un libro determinado. Normalmente, sí me acuerdo de este dato.

Especificar el concepto de los libros de mi vida es difícil. Creo que una forma objetiva de concretar esa noción puede ser acudir al número de relecturas que he hecho de cada uno de los libros que había leído. Planteada así la cuestión, me atrevo a mencionar los 30 libros, por poner un número determinado, que he releído más veces:

Dos libros bíblicos, como son *El Eclesiastés* y *El Libro de Job; La Ilíada; Las Confesiones* de San Agustín; *Las Cartas a Lucilio* de Séneca; *De rerum natura* (De la naturaleza de las cosas), el poema didáctico de Lucrecio; *El Lazarillo de Tormes; La Celestina; Los Ensayos* de Montaigne, que es probablemente el libro que más veces he releído; *El Libro de la Vida* de Santa Teresa de Jesús; *El Príncipe* de Maquiavelo; *El Quijote; Los Pensamientos* de Pascal;

La Ética de Spinoza; *El Contrato Social* de Rousseau; *Crimen y Castigo, Los hermanos Karamazov* y *Los demonios* de Dostoyevski; *Fortunata y Jacinta* de Galdós; *Oliver Twist* de Dickens; *Moby Dick* de Melville; *La Metamorfosis* y *El proceso* de Kafka; *Chevengur* de Andréi Platánov; *El quadern gris* de Pla, obra verdaderamente maravillosa; *Elogio de los jueces escrito por un abogado* de Piero Calamandrei; *Contra toda esperanza*, las memorias de Nadezhda Mandelshtam; *Si esto es un hombre* de Primo Levi; *Campos de Castilla* de don Antonio Machado; Archipiélago Gulag de Solyenitzin; los *Diarios* de José Jiménez Lozano.

Estos son los libros de mi vida, e insisto en que es una selección personal, una de las miles y miles que se pueden hacer.

Bien entendido que, cuando me refiero a las relecturas, éstas incluyen tanto los casos en que he vuelto a leer por completo un libro como las ocasiones en que únicamente he leído de nuevo una parte de la obra de que se trate.

E.F. El último libro que me has prestado es el estremecedor diario de guerra de un soldado republicano de Sabadell, que después de su retirada por Francia es devuelto a España y recluido en un campo de trabajo ubicado en el pueblo leonés de Valencia de Don Juan (José Cabañas González, *Convulsiones*). Las obras sobre la Guerra civil son uno de los géneros literarios que más te atrae, ¿Por qué?

M.C. En algún sitio he leído que la bibliografía sobre nuestra última guerra civil es la más extensa de las dedicadas a un concreto hecho histórico, tanto en España como fuera de España.

En cuanto a mí, tienes razón: buena parte de mis trabajos historiográficos se refieren, directa o indirectamente, a la guerra civil. Esta preferencia temática obedece a que, a mi modesto entender, la guerra civil es el hecho más relevante e influyente de la historia contemporánea de España. Mientras que las guerras civiles del siglo XIX, es decir, las guerras carlistas, están poco menos que olvidadas, salvo para los historiadores especializados en este tema, la última guerra civil aún es recordada, no sólo por los historiadores, sino también por la gente corriente. Y sigue siendo objeto de discusiones interminables. Hay otros hechos históricos ocurridos poco tiempo antes de la guerra civil, como la independencia de Cuba y de Filipinas, que, en su momento, fueron extraordinariamente traumáticos para los españoles, y, sin embargo, hoy día no interesan prácticamente nada.

Las polémicas políticas sobre las leyes de memoria histórica vienen a corroborar esa actualidad de la guerra civil como tema de permanente interés y disputa.

Mi constante interés por este tema se acrecienta por el juego combinado de dos factores relevantes. Por una parte, en los últimos años se ha incrementado los conocimientos sobre la guerra civil basados en fuentes documentales primarias, en buena parte gracias al acceso de los investigadores a archivo que hasta ahora tenían vedados. En segundo lugar, por el debate entre historiados (excluyo a los seudohistoriadores oportunistas) sobre el origen y las causas de la guerra civil. Por mencionar un ejemplo elocuente de estas polémicas, mientras la tesis tradicional y aún claramente dominante sobre el origen de la guerra civil sostiene que el conflicto comenzó en julio de 1936 a causa de la rebelión militar provocada por generales y jefes contrarios al régimen republicano, hay otro grupo de historiadores que señalan la revolución de Asturias de 1934 y la declaración de independencia de Cataluña realizada por Luís Companys el 6 de octubre de ese mismo año como causas de la guerra civil. Tú mismo te referiste a este debate incluso en el título de tu libro *Companys, ¿golpista o salvador de la República?*. La verdad es que resulta muy difícil inclinarse en términos absolutos por una u otra postura, porque hay datos empíricos favorables a las dos hipótesis.

E.F. En dos de tus libros sobre la historia de los procesalistas (el de 2012 y el de 2022, con diez años de diferencia) aparece en el frontispicio una misma cita sacada del libro de Salvatore Satta, *El día del juicio,* que tú me diste a conocer hace años. A parte de su autor, el insigne procesalista italiano del que eres ferviente admirador, ¿Qué es lo que te atrae de la obra?

M.C. Debo empezar diciendo que yo no conocí personalmente a Satta, que falleció en 1975, el mismo año en que comencé mis estudios de Derecho. Pero fue el maestro italiano de mi maestro, el profesor Ramos Méndez. Lo envió a estudiar con Satta el profesor Serra Domínguez, que era el maestro español de Ramos y que también había seguido estudios en la Universidad de Roma, donde enseñaba Satta. Por lo tanto, a través de mi maestro, tuve noticias biográficas y científicas de Satta muy pronto. De hecho, al inicio de mis tiempos de becario, mi maestro me entregó una lista de obras procesales de lectura obligatoria, con indicación del orden cronológico de lectura. Y en esa lista estaban las grandes obras jurídicas de Satta. Después, ya por mi cuenta, tuve la curiosidad de leer también sus obras no jurídicas.

Entre esas obras no jurídicas, hay dos novelas: *La veranda* y *El día del juicio*, su obra maestra. Y la verdad es que las dos novelas tienen, en sí mismas, una vida de novelesca.

Al final de los años veinte del siglo pasado, Satta, que era un joven jurista muy prometedor, enfermó de tuberculosis, por lo que ingresó en un hospital de los Alpes. Durante su larga estancia hospitalaria, Satta redactó su novela titulada *La veranda*, en la que, a través del protagonista, narra su vida en el hospital, las relaciones con otros enfermos y los médicos, y su terrible angustia. Pocos años antes se había publicado *La montaña mágica*, obra maestra de Thomas Mann. No sé si la obra de Mann se había publicado en italiano antes de que Satta compusiera su novela, pero Satta dominaba el alemán y, desde luego, la influencia de la novela de Mann en la de Satta es bien perceptible.

El caso es que Satta presentó su novela inédita a un concurso nacional italiano celebrado a finales de los años veinte. En su mayoría, el jurado se inclinó por rechazar la novela, acusándola de derrotismo patriótico.

Muchas décadas después, un catedrático de literatura italiana publicó un artículo en el que contaba esta historia, añadiendo que él había formado parte del jurado y que había votado a favor de la concesión del premio al autor anónimo de *La veranda*. En el mismo artículo, su autor indicaba que ese autor era un joven que estaba luchando contra la tuberculosis en un hospital, y que no sabía más de su vida, aunque suponía que había fallecido.

El artículo llegó a las manos de Satta, que remitió una carta a su autor, diciéndole que seguía vivo y enseñaba Derecho Procesal Civil en la Universidad de La Sapienza de Roma. Pero la novela continuó siendo inédita. Seis años después del fallecimiento de Satta, en 1981, vio la luz *La Veranda* en la editorial Adelphi, tras suscribir ésta un contrato con los herederos de Satta, que habían encontrado el manuscrito original de la novela dentro de un expediente judicial de Satta.

La segunda novela que escribió Satta, es decir, *El día del juicio*, también tiene una vida singular. Satta redactó la mayor parte de la novela en la casa que tenía en Fregene, una localidad marítima cercana a Roma. Su propósito era escribir una segunda parte, pero esto no fue posible, al sobrevenirle un tumor que le causó la muerte en pocos meses. La novela quedó inédita, como había ocurrido con *La Verenda*. Pero los herederos la encontraron entre los papeles de Satta y se la ofrecieron, para su publicación, a la conocida editorial italiana Cedam, que le había publicado sus obras jurídicas principales. La novela pasó completamente inadvertida, porque no interesó a los juristas, que buscaban obras jurídicas en la Cedam, ni tampoco a los lectores no juristas, que dejaban de lado las publicaciones de una editorial jurídica, como era la Cedam.

Pero alguien próximo a la editorial literaria Adelphi leyó aquella narración, y propuso a los herederos de Satta la publicación en esa importante editorial. El resultado fue un éxito deslumbrante. En pocos años fue traducida a muchos idiomas, incluyendo dos excelentes traducciones publicadas en España, una en catalán y otra en castellano. A partir de ahí han visto la luz muchas ediciones de la novela.

Yo me acerqué a la novela como paso natural después de leer las obras jurídicas del autor, que me entusiasmaron. Pensé que, si me habían gustado las obras jurídicas, también podía agradarme una obra no jurídica. Y así ocurrió. *El día del juicio* mantiene el mismo estilo literario de las obras jurídicas de Satta, un estilo terso, sobrio, preciso y transparente.

La novela cuenta el tránsito del siglo XIX al XX en la ciudad natal de Satta, que era la localidad sarda de Nuoro, tomando como referencia la propia familia del autor, compuesta por el padre, que era notario, la madre, que tenía ancestros catalanes, y los ocho hijos, de los que el autor era el menor.

Cuando se publicó en inglés en los Estados Unidos, George Steiner le dedicó una reseña sumamente elogiosa. Steiner llegó a decir que *El día del juicio* era la gran novela de la soledad, y que éste era el sentimiento que se reflejaba en los diversos personajes de la novela. Pues bien, posteriormente se publicó otra edición, y la editorial ofreció a Steiner que su reseña apareciera como prólogo de la novela. Y así sucedió.

Te contaré otra anécdota que muestra la extraordinaria perspicacia literaria de Steiner. Desde finales de los años sesenta del siglo pasado hasta el fallecimiento de Satta, éste publicó una revista, titulada *Quaderni del diritto e del proceso civile*. Vieron la luz seis números. Era una revista peculiar, porque la redactaba en su totalidad el propio Satta. Y contenía escritos jurídicos y no jurídicos. Las razones que dio Satta para iniciar ese proyecto editorial eran la soledad y el silencio a los que lo habían condenado sus colegas universitarios y el mundo cultural italiano.

Un joven jurista que iniciaba su carrera académica, Federico Spantigati, reprochó a Satta que no eran los colegas quienes lo habían relegado a la soledad, sino que fue el propio Satta el que se aisló guiado por su soberbia. Décadas después del fallecimiento de Satta, Spantigati reconoció que se había equivocado y que, en efecto, fueron los colegas y el mundillo editorial los que condenaron a Satta a la soledad, hasta el punto de que las revistas rechazaban los artículos que les remitía, como ocurrió con un trabajo muy crítico con el sistema docente italiano. Para comprender la humillación que suponía para Satta esta forma de proceder de las revistas jurídicas y no jurídicas, hay que recordar que era catedrático de la principal Universidad italiana, la Sapienza de Roma.

Pues bien, estoy seguro de que Steiner no conocía los *Quaderni* de Satta, que tenían una tirada modesta, y se publicaron sólo en italiano, por supuesto. Y, sin embargo, Steiner fue capaz de ver el peso de la soledad en la gran novela de Satta.

E.F. La revista *The Economist* publicó un curioso artículo en el que intentaba calcular el número de libros que a una persona le quedaban por leer teniendo en cuenta la esperanza de vida, los hábitos de lectura y otros parámetros. Y la verdad es que no eran tantos, teniendo en cuenta nuestra edad. Ello me hizo pensar que quizá debía adoptar un criterio para seleccionar las lecturas a partir de ahora, dadas las posibilidades ilimitadas y la finitud del tiempo. No sé si has reflexionado sobre ello, y en su caso, si has adoptado algún criterio para tus futuras lecturas.

M.C. Teniendo en cuenta mi edad y, sobre todo, mi pésimo estado de salud, está claro que los libros que podré leer serán muchos menos de los que hubiera deseado.

Pero no he cambiado los criterios de fondo a la hora de seleccionar mis lecturas, sobre todo en lo que se refiere a las obras de literatura española.

Se ha dicho, creo que con razón, que la historia de la literatura española incluye en su seno dos tradiciones profundamente distintas, que se han ido repitiendo siglo tras siglo. Por un lado, tenemos la tradición barroca, dominada por un estilo literario recargado, donde la forma impera sobre el contenido. Es una tradición que cuenta con representantes geniales, como Quevedo y Góngora, y que se mantiene en pie. Basta pensar, por ejemplo, en Juan Benet y, desde otro punto de vista, en el tremendismo de Cela.

Una segunda tradición, basada en un estilo sencillo, directo, que rehúye la ampulosidad y los adornos literarios, también tiene representantes no menos geniales: ante todo, Cervantes, pero también Fernado de Rojas, o el autor de *El Lazarillo de Tormes*, y muchos otros.

Huelga decir que me identifico con esta segunda tradición literaria, aun reconociendo el valor literario inmenso de la otra tradición. Y esa duplicidad de tradiciones no se circunscribe a la prosa, sino que también afecta a la poesía. También en este ámbito prefiero la segunda tradición, en la que se inscriben desde San Juan de la Cruz, que para mí es el máximo poeta lírico en lengua castellana, hasta don Antonio Machado o Luis Cernuda, por mencionar dos grandísimos poetas del siglo pasado.

Cierro esta respuesta con una referencia a mis criterios de actuación como lector. En este ámbito lo que sí ha cambiado es otro aspecto. Antes, si iniciaba la lectura de un libro y no me gustaba, le dejaba un margen de 80 o 100 páginas por ver si acababa por cambiar de opinión. Ahora resisto, como cortesía, unas 20 páginas. Si para entonces sigue sin gustarme, lo dejo de lado y comienzo la lectura de otro libro.

| Coda

E.F. Llegamos al final de nuestra conversación. Al principio de la misma me decías «Cada vez este mundo es menos mi mundo». ¿Por qué tienes hoy esta sensación?

M.C. Como te he comentado, es natural que, cuando uno va envejeciendo, se sienta más incómodo ante los cambios tecnológicos, incluso en el caso de que sean modificaciones pensadas para hacernos más fácil la vida. Pero el problema principal radica en el cambio de valores respecto de los que han regido nuestra vida. Y, cuando hablo de cambio de valores, no estoy emitiendo una calificación, sino describiendo un hecho innegable.

Ahora bien, si pasamos a hacer un juicio comparativo entre los valores que han guiado nuestra vida y los ahora dominantes, prefiero, en términos generales, aquéllos a éstos.

Pero tampoco sería justo hacer una condena global del mundo en que vivimos. Lo último que querría ser es un abuelo cascarrabias, que se limita a elogiar a un pasado supuestamente mejor. Poco antes de morir le preguntaron en una entrevista a José Jiménez Lozano si merecía la pena vivir, y el escritor abulense contestó: «Merece la pena vivir porque hay personas, hay pájaros, hay cosas que están excelentemente bien». Comparto esta opinión.

E.F. En el inicio de nuestros diálogos hemos hablado de la importancia que ha tenido la infancia y la juventud en tu tierra leonesa para el desarrollo de tu personalidad, y para una cierta visión del mundo influida por los valores de esos sencillos campesinos. Pero después seguiste una dilatada vida dedicada al estudio y a la academia, a la lectura y a la reflexión, muy alejada de ese contexto inicial. A estas alturas de la vida, ¿Cuál de esos dos mundos crees que ha influido más en tu actual visión del mundo?

M.C. Todo lo que vamos incorporando a nuestra experiencia vital influirá en nosotros necesariamente. Pero, si me pides una gradación entre los dos mundos que has mencionado, no hay duda de que la influencia mayor en mi vida han sido las experiencias de mi niñez y juventud. En todo lo que he hecho he procurado actuar como lo hubiera hecho un campesino.

Esta cultura campesina la he aprendido, sobre todo, de mi madre, fallecida con solo 66 años. Mi madre tuvo una infancia atroz, sufriendo hambre y miseria. Cuando solo tenía trece años, se vio obligada a trabajar en el servicio doméstico de una familia rica. Me transmitió su repulsa por el lujo, el despilfarro, y lo superfluo en general. Aún hoy, cuando me siento a comer en la mesa sin apetito, intento no dejar nada en el plato porque me remuerde la conciencia. Y me transmitió también el deber de servicio a los demás. Ella se pasó toda su vida sirviendo a los otros.

E.F. En el frontispicio de dos de tus libros sobre la historia de los procesalistas españoles (el de 2012 y el de 2022) aparece la misma cita del libro de Salvatore Satta, *El día del juicio*. La frase dice:

> «[…] Para conocerse hay que desarrollar la propia vida hasta el fondo, hasta el momento en que se entra en la fosa. Y también entonces hace falta que exista alguien que te recoja, te resucite, te cuente a ti mismo y a los demás como en un juicio final. Es lo que yo he hecho en estos años, lo que quisiera no haber hecho y lo que seguiré haciendo, porque ahora ya no se trata del destino ajeno, sino del mío».

¿Qué significa este pasaje para tí? ¿Por qué encabeza dos de tus libros?

M.C. El pasaje de Satta hace referencia al entrelazamiento de la memoria, de las memorias humanas. Somos lo que conocemos de nosotros mismos, pero también lo que los otros saben y pueden contar. Y, cuando nos vamos de este mundo, la memoria acerca de quiénes fuimos y de lo que fuimos es creada por los otros. Por eso, en otro pasaje de *El día del juicio*, Satta, en cuanto contador de las vidas de los ya desaparecidos, se imagina a sí mismo como un dios que tiene el poder de resucitar a los otros, de que su memoria permanezca entre los vivos. Es una escena en la que los muertos acuden en procesión al escritor para rogarle que los traiga a la memoria de los vivos, para que, en cierta manera, los resucite. En definitiva, lo que Satta está destacando es el poder creador de la palabra.

E.F. En la famosa entrevista a Josep Pla que le hizo el periodista Soler Serrano (1976), éste le pregunta al escritor (que llega a los 80 años), ¿Qué ha sido la vida para Usted? ¿Si Usted pudiera empezar a vivir, haría lo mismo? Son preguntas que, a partir de una cierta edad nos hacemos todos.

M.C. Claro está que las cosas son así. Con el paso de los años uno se va haciendo preguntas cada vez más frecuentes acerca de lo que hicimos y de lo que no hicimos, y sobre los aciertos y los errores cometidos en nuestra vida.

Por mi parte, creo que en esa supuesta vida nueva adoptaría las mismas decisiones que he tomado en la vida que he vivido. En realidad, los asuntos verdaderamente relevantes para la vida son pocos. He dicho muchas veces que, en lo que se refiere a mi vida, la decisión más acertada que he tomado es casarme con Nuri. Ella ha sido la columna vertebral de mi vida y de mi familia. Siempre ha venido en mi ayuda cuando la he necesitado.

Con la experiencia de hoy habría procurado evitar los muchos errores que he cometido en mi itinerario vital, a empezar por la adicción al tabaco, que mantuve durante más de treinta años y que a medio y largo plazo tanto daño me ha producido.

E.F. Termina aquí nuestro largo paseo. Gracias, profesor. Gracias, amigo. Gracias, Manolo.